기적의 영업소

KISEKINO EIGYOUSHO
by Shigeyuki Morikawa
Copyright ⓒ 2010 by Shigeyuki Morikawa.
All rights reserved.
Original Japanese edition published by KIKOSHOBO.
Korean Translation Copyrights ⓒ 2010 by Book21 Publishing Group
Through United Books.

이 책의 한국어판 저작권은 저작권자와의 독점 계약으로 ㈜북이십일에 있습니다.
저작권법에 의해 한국 내에서 보호를 받는 저작물이므로 무단전재와 복제를 금합니다.

KI신서 3067

기적의 영업소

1판 1쇄 인쇄 2011년 1월 21일
1판 1쇄 발행 2011년 1월 28일

지은이 모리가와 시게유키 **옮긴이** 유윤한
펴낸이 김영곤 **펴낸곳** ㈜북이십일 21세기북스
출판콘텐츠사업부문장 정성진 **출판개발본부장** 김성수
기획·편집 정지은 **디자인** 박선향 **사진** 이혜영 외
마케팅영업본부장 최창규 **마케팅** 김보미 김현유 강서영 **마케팅** 이경희 우세웅 박민형
출판등록 2000년 5월 6일 제10-1965호
주소 (우 413-756) 경기도 파주시 교하읍 문발리 파주출판단지 518-3
대표전화 031-955-2100 **팩스** 031-955-2151 **이메일** book21@book21.co.kr
홈페이지 www.book21.com
21세기북스 • **트위터** @21cbook • **블로그** b.book21.com

ISBN 978-89-509-2823-0   03320
책값은 뒤표지에 있습니다

이 책 내용의 일부 또는 전부를 재사용하려면 반드시 ㈜북이십일의 동의를 얻어야 합니다.
잘못 만들어진 책은 구입하신 서점에서 교환해 드립니다.

기적의 영업소

최고의 실적을 만든 60일간의 비밀

모리가와 시게유키 지음 | 유윤한 옮김

21세기북스

차례

저자의 말 … 6
프롤로그 … 8

■
기적의 영업소, 그 60일간의 기적

제1장 불안한, 너무나 불안한 시작 … 34
제2장 최초의 결단 … 44
제3장 마술 같은 동행 … 56
제4장 위기의 그림자 … 68
제5장 누가 패배자인가 … 80
제6장 눈물겨운 도전 … 92
제7장 환상의 팀워크, 그 무한한 가능성 … 102
제8장 진정한 출발 … 114

■
해설편

제1장 〈불안한, 너무나 불안한 시작〉의 해설 … 154
그림과 그래프로 고객의 흥미를 유도한다 • 근성과 경험이 필수 조건은 아니다 • 다름을 인정하는 따뜻한 리더십이 필요하다

제2장 〈최초의 결단〉의 해설 … 160
백오피스의 역할을 잊지 말자 • 전화기 너머에 있는 고객에게 미소를 짓자 • 유능한 사원은 가방 속이 다르다

제3장 〈마술 같은 동행〉의 해설 … 168

들이대는 영업은 구시대의 방법이다 • 간단한 도구를 사용하라 • 당장 팔려고 덤벼들지 않는다 • 가능한 것은 무엇이든 사용한다 • 작은 실적들을 쌓아 자신감을 얻는다

제4장 〈위기의 그림자〉의 해설 … 178

법인 영업은 태도와 성의가 중요하다 • 강요는 역효과를 낳는다

제5장 〈누가 패배자인가〉의 해설 … 184

사례가 중요하다 • 변화를 프레젠테이션으로 보여준다

제6장 〈눈물겨운 도전〉의 해설 … 190

무작정 팔려고 들면 효율이 떨어진다 • 열정이 문을 여는 경우도 있다 • 설명 자료에 중요한 것은 적지 않는다

제7장 〈환상의 팀워크, 그 무한한 가능성〉의 해설 … 194

팀원들의 적극적인 자세가 필요하다 • 팀원들을 있는 그대로 받아들이자

제8장 〈진정한 출발〉의 해설 … 200

영업은 결과가 전부다 • 노력은 배반하지 않는다 • 포기하지 말아야 할 이유를 찾아라

저자의 말

이 책은 내가 존경하는 영업의 달인이자 최고의 파트너인 요시미 노리카즈가 경험한 이야기를 바탕으로 구성한 한 편의 소설과 그에 대한 해설이다.

이 소설은 혹시 사원들을 괴롭히고 있는 것은 아닌가 고민하는 팀장들, 영업이 싫어서 매일 아침 마지못해 출근하는 세일즈맨, 영업과 관련된 일이라면 하고 싶지 않다고 생각하는 독자들이 꼭 읽었으면 하는 이야기를 담고 있다.

영업에는 강압적인 명령만으로는 결코 이끌어낼 수 없는 강력한 에너지가 필요하다.

그 에너지를 자극하는 힘은 자신의 가치와 능력을 인정받는 것에서 생겨난다. 그러면 저절로 생각의 회로에 스위치가 켜지고 큰 변화가 일어나기 시작한다.

나만 잘 되면 그만이라는 이기적인 생각이 아니라 지쳐 있는 동료를 일으켜 함께 나아가는 서로의 모습 속에서 더 큰 힘을 얻는다.

고객을 위해서, 동료를 위해서 무언가를 하고자 하는 생각은 선의의 에너지로 바뀌고, 이는 곧 팀 전체의 행동으로 나타나기 때문이다.

그것이 바로 긍정의 팀워크다. 한 명의 독자라도 더 이 책을 읽고 영업이 결코 하찮은 일이 아닌, 꿈을 이루기 위한 수단이라는 사실을 깨달아주었으면 한다.

모리가와 시게유키

"이 상태로 이번 달 목표를 달성할 수 있겠어?"

월말이면 어김없이 듣게 되는 말이다. 소장은 영업 실적을 들이대며, 목표를 달성하지 못한 원인을 추궁하기 시작한다.

"당신은 무능한 영업사원이야!"

매정하게 쫓아내기라도 할 기세다.

어느 영업소에서나 흔히 볼 수 있는 낯익은 풍경이다.

"이번 주 안에 어떻게 좀 해봐. 가능성이 조금이라도 보이면 어디든 찾아가란 말이야, 멍청히 있지 말고! 발바닥에 땀이 나게 뛰어서라도 부족한 걸 메워야 할 거 아니야!"

영업 실적을 나타내는 숫자들을 가리키며 다그치는 상사에게 변명 따위는 통하지 않는다. 숫자만이 전부일 뿐이다. 그 외에 어떤 설명도 필요치 않다.

이때 궁지에 몰린 영업사원이 선택할 수 있는 길은 두 가지다. 막무가내로 밀어붙이기식 영업에 나서거나, 퇴직이나 이직을 꾀하는 것이다.

한동안 파견사원으로 영업을 한 적이 있었다. 그때 나는 이해하기 어려운 일방적인 명령과, 해고를 암시하는 폭언을 가함으로써 어떻게든 매상을 올리려는 상사들의 행위들을 숱하게 봤다.

그것은 차라리 협박에 가까운 모습이었다.
파견사원을 고용한 기업 측은 그들에게 일을 가르쳐서 키울 의지나 여유가 없다. 신입사원이라고 해도 전혀 일을 가르쳐주지 않을 뿐만 아니라, 배울 여유조차 주지 않는다. 바라는 것은 오직 그달 그달 상승하는 영업 실적뿐이다. 이런 환경 속에서라면 사원들이 아무리 경력을 쌓는다 해도 과연 영업 능력이 향상될 수 있을까?

나는 열등한 영업사원이었다.

영업을 한답시고 술집에 들어가 상품 설명을 할 때였다. 막무가내로 덤벼드는 게 거슬렸던지 갑자기 한 손님이 컵에 담긴 물을 내 얼굴에 끼얹었다. 식당에 들어가 "카탈로그라도 받으세요." 하며 다가갔다가 음식을 만들던 주인이 뿌려대는 소금을 온몸으로 맞은 적도 있었다. 이렇게 우직한 방법으로밖에 손님에게 다가갈 줄 몰랐던 나는 단 한 번도 성공한 적이 없는, 더할 나위 없이 무능한 영업사원이었다. 계속 되는 실패가 마음 속 깊은 곳에 상처로 새겨진 것일까? 아니면 원래 천성이 나약해서였을까? 아무래도 막무가내로 끈질기게 매달려야 하는 영업은 더 이상 할 수 없다는 생각이 들었다.

그런데 영업사원으로서의 근성이 부족해서 영 안 될 것 같던 내게도 어느 정도 실적을 올릴 수 있는 계기가 찾아왔다. 그렇다고 내가 "두고 보자. 질 수는 없지. 꼭 이기고 만다!"라고 굳게 마음먹으며, 순식간에 근성 있는 인간으로 돌변한 것은 물론 아니다. 누구에게도 지지 않겠다는 세일즈맨의 근성이 어느 날 갑자기 싹틀 리 없지 않은가.

그런데도 어떻게 물건을 팔 수 있게 된 것일까?

나 스스로도 전혀 결과를 예측하지 못했던 의외의 결단 덕분이었다.

내 영업 방식을 완전히 바꿔놓고 결국 인생까지 바꿔놓은 그 '결단'이란 과연 무엇이었을까?

어처구니없게도 많이 팔아보겠다는 생각을 포기하는 것이었다.

믿기 어려울 것이다.

팔기를 포기하니까 더 잘 팔린다는 사실이.

그동안 내가 영업 현장에서 발견한 가장 효과적인 판매 방법은 무조건 팔아보겠다고 덤벼들지 않는 것이다. 아이러니한 일이긴 하지만, 적어도 나의 경험으로 보자면 그렇다.

나는 그런 경험을 한 뒤로 어떻게든 팔아보려고 애쓰는 대신, 어깨에서 힘을 뺀 영업을 하기 위해 노력했다. 그러자 점점 더 고객과 가까워지고 있는 나 자신을 발견할 수 있었다.

고객에게 물건을 강매하는 사람에 지나지 않았던 내가 어느새 고충을 상담할 수 있는 친근한 사람으로 바뀐 것이다. 그러다 보니 물건은 무리하지 않아도 자연스럽게 팔려나갔다.

이런 체험 속에서 내가 더욱 뼈저리게 느낀 것은 '영업의 성공은 물건의 질보다는 사람이 좌우한다'는 사실이었다.

무리하게 팔려고 달려들지 않겠다는 자세만으로도 마음에 여유가 생겼다. 뿐만 아니라 자신이 어떤 상황에서 누구와 만나고 있는지도 보였다. 결국 이 모든 것은 어떻게든 팔아보겠다고 덤벼드는 영업사원이 아니라, 진심어린 고객의 상담사가 되었기 때문에 가능한 일이었다.

또 하나 새롭게 발견한 사실은 누구나 자신의 가치와 존재, 능력을 타인으로부터 인정받는다는 확신이 들 때 최고의 힘을 발휘할 수 있다는 것이다. 나의 경우에도 고객에게 도움이 된다는 생각이 드는 순간, 머릿속에서 새로운 생각 회로의 스위치가 아주 자연스럽게 켜지고 큰 변화가 일어나기 시작했다. 이는 동료에게 도움이 된다는 생각이 들 때도 마찬가지였다.

판매 실적이 낮을수록 적은 돈을 버는 일에 눈이 멀기 쉽다. 하지만 늘 그렇게 적은 돈을 버는 일에 급급해 살다보면 어느 순간 허무한 느낌이 찾아온다. 적은 돈을 벌려는 경쟁심만으로는 결코 영업의 세계에서 오래 버틸 수 없다.

사람을 자극하고 움직이는 것은 '나만 팔면 된다' 라든가, '나만 좋은 평가를 받으면 된다' 는 이기적인 생각이 아니라, 괴로워하고 있는 동료를 일으켜 함께 가는 인간다운 모습이다.

'동료를 위해서라면 이렇게 해야 하지 않을까?' 라는 생각을 하게 되면 그 생각이 곧 선의의 에너지로 바뀌고, 무의식중에 팀 전체의 단합된 행동으로 나타난다.

그런데 이런 잠재적인 능력은 "목표를 달성해!"라고 윽박지르는 듯한 명령으로는 결코 이끌어낼 수 없다.

내 생각에 사람은 누구든 강압적인 명령으로는 결코 이끌어낼 수 없는 아주 강력한 에너지를 내면 깊숙한 곳에 지니고 있다. 그래서 어떤 계기만 주어지면 '선의'라는 최고의 에너지를 원하는 만큼 끌어낼 수 있다. '다른 사람에게 도움이 되고 싶다'는 순수한 마음이야말로 이런 에너지를 한순간에 풀어놓게 만드는 최고의 자극제다.

이 책의 저자와 이야기를 나누면서 배운 것은, 그런 순수한 마음이 생기도록 우리 내면의 스위치를 켜는 메커니즘이었다.

이 이야기에 등장하는 실제 모델들은 서로에게 그런 마음의 스위치를 켜주었다. 스위치가 켜진 후 그들은 마치 열병에라도 걸린 듯이 뜨거운 감동에 젖어 행동했다. 특히 서로를 지지하고 있다는 신뢰감을 공유하게 되면서 더욱 격렬하게 변하기 시작했다.

살다보면 누구라도 혼자서는 버티기 힘든 시간을 맞게 된다. 하지만 자신이 다른 누군가에게 도움이 된다는 사실을 깨닫는 순간 우리에게는 혼자서도 버틸 수 있는 힘이 생긴다. 또 팀원 중 누군가가 동료를 위해서 애쓰는 모습을 보게 되면, 핵반응을 일으키듯이 서로 폭발적인 영향을 주고받아 결국 강한 응집력이 생겨난다.

영업사원으로서 열등생이었던 나는 자랑할 만한 것이 거의 없다. 하지만 그런 나도 당당하게 가슴 펴고 큰 소리로 뽐낼 만한 이야기가 하나 있다. 그것은 바로 이 소설의 모델이 된 팀과 함께 일할 수 있었다는 것이다.

당시 일을 생각하면 지금도 마음속에 감사와 기쁨이 벅차오른다. 정말, 정말 최고의 팀이었다.

마지막으로 우리 팀의 이야기를 소설로 써준 모리가와에게 진심으로 감사의 말을 전하고 싶다.

"감사합니다."

_요시미 노리카즈

기적의 영업소,
그 60일간의 기적

제 1 장

불안한, 너무나 불안한 시작

도쿄에서 한 시간 정도 떨어진 지방 도시인 C시의 중심가.

파티션으로 대충 칸을 막아 꾸며놓은 소장실 안으로 저물어가는 햇살이 깊숙이 비쳐들었다. 조잡하기 이를 데 없는 사무실에서는 베니어합판 냄새가 진동했다.

"이건 시작도 하기 전에 진 게임이야!"

요시다 가즈토는 임시로 고용된 영업소장이다. M전화회사는 마이라인(이용자가 전화회사를 선택해서 등록하면 전화를 걸 때마다 그 회사의 회선을 사용하게 되는 상품)과 관련한 서비스 홍보를 위해 전국에 임시 영업소를 100군데나 개설했다. 그리고 직원들만으로는 부족한 몇몇 영업소에 가즈토와 같은 임시직 소장을 파견했다.

보통은 전화번호가 시작하는 앞머리에 네 자릿수 번호를 입력해서 이용하고자 하는 전화회사를 선택할 수 있다. 그런데 마이라인이라는 서비스 시스템에 특정 회사의 고유번호를 등록해놓으면, 네 자릿수 번호를 일일이 누르지 않아도 등록된 전화회사의 회선을 이용할 수 있다. 이용자에게는 더없이 편리한 제도다. 하지만 전화회사들로서는 자사의 고유번호가 마이라인에 등록되도록 하기 위해 치열하게 경쟁해야만 하는, 회사의 사활이 걸린 중요한 문제다. 때문에 가끔씩 고객을 확보하기 위한 대대적인 홍보전을 벌이기도 한다. 그래서 누구나 한 번쯤은 "마이라인에 우리 회사 번호를 등록하시면 요금을 할인해드립니다"라는 홍보 전화를 받았을 정도다.

고객이 쓰는 전화번호의 첫머리를 차지하기 위한 싸움이 가장 격렬했던 때는 당연히 마이라인 서비스가 도입되던 초창기였다. 모든 전화회사들이 한 명의 고객이라도 더 끌어들이기 위해 치열한 영업 전쟁에 나섰기 때문이다. 당시 가즈토는 담당 지역에서 몇 달 동안 연속으로 판매 실적 1위를 기록했던 경험이 있다. 그때는 파견사원이었기 때문에 계약 기간이 끝난 후 경쟁사로 옮겼는데, 그 회사에서도 역시 판매 실적 1위라는 기록을 세웠다.

이런 이야기를 들으면 누구든지 가즈토가 영업의 천재가 아닐까 하고 생각할 것이다. 좀더 확실히 말하자면 그는 영업 방법론을 만드는 천재였다. "영업은 근성과 경험으로 되는 게 아니다"라는 게 평소 가즈토의 지론이었다.

가즈토의 주장을 뒷받침하는 증거는 충분했다. 홍보전에서 미인계라도 펼치려고 고용했나 싶을 정도로 얼굴만 예쁘고 영업 실적은 형편없던 젊은 여성이 있었다. 그녀가 어느 날 갑자기 자기도 진정한 영업사원으로 거듭나고 싶다며 가즈토를 찾아왔다. 가즈토식 영업 기술을 익힌 뒤에 영업소에서 판매 실적 2위라는 기록을 세웠다. 이게 바로 영업은 근성과 경험이 있어야만 할 수 있는 게 아니라는 증거였다.

올바른 영업 기술을 익히기만 한다면 누구라도 뛰어난 판매 실적을 올릴 수 있다. 사원들끼리 경쟁을 시킨다거나, 할당량을 주어 압박을 가한다거나, 영업 실적에 대한 수당을 더 준다거나 할 필요가 전혀 없다.

가즈토의 놀라운 영업 실적을 기억하고 있던 M전화회사 영업본부 직원이 요코하마에 있는 가즈토의 집으로 전화를 했다.

"이번에도 마이라인 영업 때문에 전화를 드렸습니다. 영업소장을 맡아주실 수 있나 해서요."

"부임지가 어디입니까?"

"T시, W시, C시가 있는데, 아직 확정되지는 않았습니다."

가즈토는 일단 거절했다. 건강이 별로 좋지 않아서 멀리 출퇴근을 하는 일이 벅찼기 때문이다. 세 곳 모두 그의 집이 있는 요코하마에서 가려면 두 시간씩이나 걸리는 도시들이었다. 게다가 T시는 일반 전철도 아닌 신칸센을 타고 출근해야만 하는 곳이었다.

일주일이 지나자 또 전화가 왔다.

"T시와 W시에서 일할 소장은 결정이 되었는데, C시는 아무리 해도 적임자를 찾을 수가 없습니다. 꼭 요시다 씨가 와주셨으면 합니다."

"시장 점유율 1위를 되찾으려면 통신 서비스에 대해 잘 아는 노련한 영업사원들이 필요할 텐데요……."

"그 문제는 걱정하지 마십시오. 요시다 씨를 위해 우수한 사원들로 팀을 꾸려놓았습니다."

이렇게까지 말하는데 극구 거절하기가 어려웠다. 계약 기간이 6개월이긴 하지만 석 달 정도 지나면 후임에게 일을 넘겨주고 물러날 수 있을 것이다.

"뭐가 우수한 사원들이라는 거야! 그 작자 말은 두 번 다시 안 믿어!"

가즈토가 불평을 하는 것도 무리는 아니었다. 부임 첫날, 하루 종일 영업사원들과 면담을 한 뒤에 알아낸 것은 모두 영업이 처음인 초보자들이라는 충격적인 사실이었다. 다행히도 사무직 여직원 두 명은 실력이 우수했다.

하지만 판매 실적이 없는 영업소에서 우수한 사무직원은 아무 짝에도 소용이 없었다.

제일 처음 면담한 가즈토와 동년배인 남자는 대부분을 티베트에서 지낸다고 했다. 가끔 일본에 돈을 벌려고 들어왔다가 조금이라도 돈이 모이면 다시 티베트로 가 몇 년 동안 생활하는 특이한 사람이었다. 길쭉한 얼굴이 당나귀처럼 보이는 태평스러운 성격의 남자였다.

다음에 면담한 여성은 30대 후반의 싱글맘으로, 이제 막 고등학교에 들어간 아들이 있었다. 아들의 특기를 살리려 축구 명문교에 보냈다고 했다. 아들의 비싼 학비를 벌기 위해 입사했지만, 법인 영업은 왠지 두렵고 싫다는 게 그녀의 말이다.

그 다음 젊은 여성도 법인 영업은 싫다고 했다. 회사를 찾아다니는 모습을 상상하는 것만으로도 다리가 덜덜 떨리기 때문이란다. 일본어가 서투르기에 외국인이냐고 물었더니, 엄연히 일본 국적을 가지고 있지만 조부모 중 한 사람이 외국인인 쿼터 혼혈아이며 외국에서 오래 살았다고 했다. 영업직에 지원한 이유는 일본어를 능숙하게 하고 싶어서라고 했다.

그 외에 영업 경험을 전혀 가지고 있지 않으면서도 대기업을 상대로 하는 영업을 요구하는 젊은 두 남자가 있었다. 그 중 한 명은 사업에 실패한 뒤 재기할 수 있는 자금을 모으겠다는 야망을 가지고 있었다. 나머지 한 명은 영업 분야에서 보란 듯이 성공하고 싶은 열망으로 가득 찬 군인 기질의 남자였다. 근성은 있어 보였지만 가즈토의 눈에는 그게 전부인 것처럼 보였다.

또 남자인 가즈토도 반해버릴 정도로 미남인데도 밖에 나가서 하는 영업은 무조건 싫다는 직원도 있었다. 그는 전에 콜센터에서 일했다고 했다. 주택가를 돌며 영업을 한다면 주부들의 관심을 순식간에 끌어모을 수 있을 텐데, 하는 아쉬움을 갖게 하는 남자였다.

전직 프로그래머였던 또 다른 남자는 다른 사람과 이야기를 나눠야 하는 직업이 싫어서 침구사 자격증을 땄다고 했다. 그런데 개업할 자금이 없어서 하는 수 없이 영업사원으로 취직할 수밖에 없었다고 했다. 말솜씨가 서툴러서 영업을 제대로 할 수 있을지조차 의심되는 사람이었다. 하지만 IT 분야에는 아주 밝아서 가즈토가 잘 알지 못하는 전문용어를 다양하게 사용했다.

마지막으로 면담한 사람은 응원 차 본부에서 보낸 사람이었다.

그는 영업보다는 본부 쪽의 소식에 오히려 밝은 남자였다. 저런 사원을 굳이 왜 내려보냈을까 하는 의문이 들었다.

면담을 마치고 소장실에서 커피를 마시던 가즈토는 부임 첫날부터 영업소의 앞날이 어두울 거라고 확신했다. 돌아오는 전철 속에서 유리창에 비친 자신의 얼굴을 봤다. 하루 사이에 눈그늘이 짙어지고 볼이 움푹 꺼진 듯했다. 아직 본격적으로 일을 시작하지도 않았는데, 앞으로 여섯 달 동안 왕복 네 시간 거리를 출퇴근해야 한다고 생각하니 기운이 쭉 빠졌다.

가즈토의 영업소에서 한 달 동안 가입시켜야 할 책임량은 350회선이었다. 하지만 처음 일주일 동안 영업 실적은 단 한 건도 없었다.

제 2 장

최초의 결단

본부에서 밀어붙이는 방식대로 계속하다가는 실적이 별로 나아지지 않을 게 뻔했다. 한 달간 주어진 책임량을 채우기도 어려울 것이다. 일주일 동안 단 한 건의 영업 실적도 올리지 못하다니……. 아무래도 체제와 영업 방식을 모두 바꿔야 할 것 같았다. 가즈토는 마이라인 영업에서 최고의 실적을 올렸던 과거를 떠올렸다.

당시 가즈토는 일개 영업사원에 지나지 않았고 실적을 올릴 수만 있다면 무엇이든 했다. 하지만 이번에는 달랐다. 영업소장, 다시 말해서 매니저였다. 그러니 더더욱 스스로의 판단 아래 마음껏 역량을 펼칠 수 있지 않을까 싶었다.

하지만 말이 영업소장이지 임시로 고용된 자리인 만큼 체제와 영업 방식을 마음대로 바꿀 수 있는 권한은 없었다. 사원들이 본부의 지시대로 잘하고 있는지를 감독하는 게 영업소장이 맡은 역할의 전부라고도 할 수 있었다.

그렇다면 이 자리에 꼭 내가 있어야만 하는 것일까? 처음 일주일 동안, 가즈토는 몇 번이나 스스로에게 물어봤지만 결론이 나지 않았다.

가즈토는 우선 영업사원들에게 그 사람의 특징을 잘 드러내면서도 친근한 별명을 붙여주기로 했다.

티베트를 좋아하고 애니메이션 〈슈렉〉에 등장하는 당나귀를 닮은 남자 사원은 '동키'라고 불렀다. 싱글맘이며 고교생인 아들의 학비를 벌기 위해 취직한 주부사원은 '빅마마', 2개 국어를 구사하는 젊은 여성은 '혼혈공주'라고 정했다.

그리고 제대로 된 영업 경험도 없으면서 대박을 꿈꾸는 다카시와 쇼지 두 명은 합쳐서 '대박형제'라는 별명을 정했다.

외부에 영업하러 나가기를 싫어하는 미남은 외모 그대로 '꽃미남', 원래 프로그래머였던 침구사는 PC와 네트워크라면 척척박사이므로 '컴박사', 본부의 정보와 소식에 밝은 남자는 '마당발'이라는 별명을 붙여주었다.

또한 사무실에서 서류 작성 등 지원 업무를 맡는 두명의 사무직 여직원은 '큰누님'과 '또순이'라고 정했다. 이 별명에는 베테랑이라는 느낌이 물씬 풍겼다. 가즈토는 두 사람도 분명 이 별명을 마음에 들어 할 것이라고 생각했다.

가즈토는 드디어 결단을 내렸다. 체제를 바꾸기로 한 것이다. 부임한 지 2주째 되던 첫날 아침 조회 시간에 가즈토는 전원에게 이렇게 선언했다.

"일주일이 지났습니다. 대단하게도 아직 영업 실적을 한 건도 못 올렸습니다. 지금까지는 지역별로 팀을 편성했는데, 아무래도 이대로는 안 될 것 같습니다. 좀 바꿔야겠어요. 이번에는 고객의 성격에 따라 팀을 구성할 게요"

회의실이 웅성거리기 시작했다.

"빅마마와 혼혈공주, 두 사람은 개인 고객을 대상으로 하는 영업만 해주세요. 팀 이름은 빅마마 팀!"

두 사람이 휴우, 하고 안심하는 듯한 표정을 지었다.

"다음은 동키와 컴박사, 중소기업 영업을 맡아주세요. 여기는 동키 팀이라고 부를게요."

동키와 컴박사가 얼굴을 마주봤다.

"다카시와 쇼지는 그럼 대기업 영업을 맡아주세요. 여기는 대박형제 팀!"

둘은 서로 손뼉을 부딪치며 좋아했다. 좀 어수룩한 사람들이었다. 대박이라는 의미에 비아냥거림이 섞여 있다는 것을 눈치 채지 못했다. 물론 이 별명에 큰 실적을 올려 정말로 대박나길 바라는 가즈토의 또 다른 마음이 담겨 있기는 했다.

"꽃미남과 마당발은 사무실에 남아 영업 지원을 해주세요. 전화로 영업사원들의 방문을 예약하고, 고객과 상담하는 일도 맡아주세요. 자료를 만들 때는 사무직원인 큰누님과 또순이 두 분의 도움을 받으면 됩니다."

"그럼 수당은 어떻게 됩니까?" 하고 꽃미남이 당황하며 물었다.

"공평하게 나눌 테니 걱정하지 말아요. 옆에서 지원만 해도 수당은 줍니다."

모두가 납득한다는 표정이었다. 가즈토가 한 마디 덧붙였다.

"그리고 마당발, 이 일은 당분간 본부에는 비밀로 합시다."

회의가 끝나자 꽃미남이 고객들에게 전화를 걸어 영업사원의 방문 약속을 잡기 시작했다. 웬일인지 대여섯 통 전화를 걸면 적어도 한 통은 성공하고 있었다. 보통은 열 통 중에 한 통만 성공해도 꽤 우수한 성적이었기 때문에 좀 놀라운 일이었다.

"훌륭해!" 하고 가즈토가 칭찬을 아끼지 않았다.

"다 이 거울 덕분입니다."

그러고 보니 매번 꽃미남은 거울을 들여다보면서 전화를 하고 있었다.

"옛날에 콜센터에서 일할 때였는데, 계속해서 불만을 퍼붓는 고객을 상대로 그만 울컥해서 전화로 싸운 적이 있어요. 당연히 상사에게 엄청나게 깨졌지요. 그리고 그때 책상 위에 거울을 두고 바라보면서 전화를 받으면 도움이 될 거라는 말을 들었습니다. 그때부터 거울을 책상에 두고 전화를 하기 시작했습니다."

꽃미남이 혹시 거울을 보면서 자기 얼굴을 감상하고 있는 것은 아닐까 하는 생각이 가즈토의 머릿속을 잠시 스쳤다.

"왜냐하면 상대방도 전화기 너머의 목소리를 통해서 제 표정을 느끼고 있기 때문입니다. 그래서 거울에 비친 제 표정이 구겨져 있으면 일부러 웃는 표정을 짓는 겁니다. 감정을 조절할 수 있거든요. 그러면 갑자기 울컥해서 싸울 일도 없고, 고객의 불평에도 훨씬 부드럽게 대처할 수 있거든요."

"아, 그랬었군."

가즈토는 꽃미남의 웃는 얼굴을 실제로 보여줄 수 있다면 더 많은 실적을 올릴 수 있을 텐데 하는 아쉬움을 뒤로 했다.

어느 새 동키 팀과 대박형제 팀이 일주일 동안 방문해야 할 고객과의 약속을 모두 잡았다. 동키 팀은 여유 만만한 모습으로, 대박형제 팀은 돌진하듯이 고객을 만나러 사무실을 빠져나갔다.

문제는 빅마마 팀이었다. 어디로 가면 좋을지 빨리 감이 잡히지 않는 눈치였다.

"잘 돼갑니까?"

가즈토가 말을 걸었다.

"일주일 동안 이 근처를 돌아다녀봤는데, 반응이 없어요."

"음, 그럼 나랑 같이 작전을 짜볼까요?"

세 사람은 함께 회의실로 들어갔다.

4월하고도 2주째.

더 없이 푸른 하늘가로 벚꽃잎이 흩날리고 있었다. 사무실이 있는 빌딩 앞으로 큰 도로가 있었지만 오가는 차는 별로 많지 않았다. 쨱쨱거리는 참새소리만이 가끔씩 정적을 깨뜨리는 평화로운 봄날이었다.

처음에는 회의실에서 가즈토의 목소리만 흘러나왔다. 하지만 이윽고 세 사람의 웃음소리가 함께 흘러나왔다. 도중에 혼혈공주가 나와 팸플릿 종류와 두 사람 분의 클리어 파일 홀더, 그리고 소장 자리에 있는 자료들을 가지고 들어갔다. 그러고 나서 한 시간 가량 세 사람은 뭔가를 만드느라 회의실에서 나오지 않았다.

"자, 다 됐습니다. 그러면 가방을 사러갈까요?"

"그런데…… 회사 경비로 사는 건가요?"

"영업에서 '좋은 가방'은 필수품이니까, 내가 사장이라면 경비 처리를 해줄 텐데, 계약직 소장이라서……."

"그럼 자비 부담이군요. 호호!"

C시에도 유명한 백화점은 있었지만, 굳이 그곳에서 살 필요는 없겠다고 빅마마는 생각했다.

"한 2000엔 정도 주면 괜찮을 거예요. 소모품이니까."

전철역과 연결된 빌딩으로 올라가는 계단 근처에 싼 가방을 파는 가게들이 모여 있었다. 15분 후 세 사람은 그 앞에 서 있었다.

"가방을 고를 땐 두 가지만 살피면 됩니다. 가방을 탁자에 올려놓았을 때 똑바로 서는지, 지퍼 달린 큰 주머니가 두 개 있는지."

"소장님의 말을 들으니 저는 007 가방(펼쳐서 여는 커다란 서류 가방) 이미지가 떠올라요."

혼혈공주가 하는 말에서는 영어 발음만이 정확했다. 이미지의 '이'에 정확하게 악센트가 들어가 있었다.

"현관에 서서 가방을 펼친다고 생각하면 왠지 불안하지 않습니까? 상담을 하다보면 자리에 선 채로 서류를 꺼낼 때도 많아요. 그럴 땐 가방을 세운 채로 꺼내면 마음이 편하죠. 사실 고객 앞에서 가방을 펼치고 자료를 꺼내다 속에 있는 것들을 다 쏟은 적도 있어요. 그 후론 007 가방은 갖고 다니지 않습니다."

"그런데 왜 지퍼 달린 주머니가 두 개 있어야 하죠?"

이번엔 빅마마가 물었다.

"고객에게 보여주고 싶지 않은 자료는 따로 둬야 하니까요. 예를 들어 그날 방문할 고객 명단 같은 것 말이죠. 그런 것과 설명용 자료는 따로 두는 게 좋습니다."

"아, 그렇군요."

"자, 그럼 그 점을 염두에 두고 찾아보자구요!"

"하지만 좀 촌스럽지 않을까요?"

"약간 촌스러운 편이 낫죠. 좋은 가방을 들고 다니면 돈을 잘 버는 것처럼 보이기 쉽거든요. 그건 오히려 손해입니다. 업무용이라고 생각하고 적당한 걸로 사요."

가즈토가 그렇게 일러주기는 했지만, 여자들에게 가방을 고르는 일이란 그렇게 간단하고 쉬운 게 아니었다. "이건 안 돼, 저건 안 돼!" 하며 돌아다니는 빅마마와 혼혈공주를 따라다니는 동안 어느새 한 시간이 훌쩍 지나 있었다. 드디어 가방을 사고 나자 벌써 점심시간이었다.

제3장

마술 같은 동행

오후 1시. 가즈토와 빅마마 팀은 사무실에서 가장 가까운 전철역에서 출발해 두 정거장 정도 떨어진 도쿄 근처의 역에서 내렸다. 단독주택이 많은 동네였다.

"자, 어느 쪽부터?"

"글쎄요, 북쪽부터?"

"그런 말이 아니고, 빅마마와 혼혈공주 중 누가 먼저 할 거냐는 걸 묻는 겁니다."

"아, 싫어요. 소장님이 먼저 시범을 보여주시는 게……."

"그렇게 나오실 줄 알았지. 그럼 저 집부터 한 번 가봅시다."

가즈토는 겁먹은 표정을 한 채 잔뜩 긴장하고 있는 두 사람을 힐

끗 쳐다보고는 조금의 망설임도 없이 초인종을 눌렀다.

"누구세요?"

인터폰에서 의심어린 목소리가 흘러나왔다.

"죄송합니다만, 이 근처가 처음인데 길 좀 여쭤도 될까요?"

대문이 열리고 40대로 보이는 주부가 나왔다. 경계하는 눈치가 역력했다.

"그런데 지도는 가지고 있나요?"

"네."

가즈토가 손에 들고 있던 클리어 파일을 펼치자 지도가 나왔다. 곳곳에 빨간색으로 표시가 되어 있는 지도였다. 그 옆 페이지에는 큰 글씨로 '마이라인은 ○○○○'라고 쓰인 광고 전단지가 보란 듯이 펼쳐져 있었다. 전단지에는 광고 모델인 미남 탤런트가 잘생긴 얼굴로 활짝 웃고 있었다. 그걸 본 주부가 관심을 보였다.

"이 빨간색 표시는 뭐죠?"

"아, 이거요. 이 근처에 저희 회사 고유번호를 마이라인에 등록 해놓은 집들입니다."

"어머, 세일즈맨이에요?"

주부에게서 영업사원이라면 질색이라는 듯한 강한 기운이 느껴졌다. 하지만 가즈토는 조금도 개의치 않고 솔직하게 말했다.

"네, 그렇습니다. 실례가 되었다면, 죄송합니다. 영업하는 사람들이 많이 찾아오지요?"

"그럼요! 어찌나 끈덕진지 귀찮아 죽겠어요."

"집요하게 달라붙는 영업사원들, 참 싫으시죠?"

"당연하죠. 그걸 말이라고 하세요."

"저도 그런 사람들은 싫습니다. 하하하!"

활짝 웃는 가즈토의 미소에 마음이 조금 누그러졌는지, 주부의 표정이 한결 부드러워졌다.

"마이라인이라면, 텔레비전에서 광고하는 거 많이 봤어요. 이 탤런트 얼굴 보니까 생각나네요."

주부가 지도 옆의 팸플릿을 가리키며 말했다.

"아, 보신 적이 있으십니까?"

"그럼요! 이 탤런트 정말 잘생겼잖아요. 팬인걸요."

"그럼 마이라인은?"

"아, 그거요……. 뭔지 잘 몰라서 아직 가입하지 않았어요. 그러고 보니 여기 우리 집엔 빨간색 표시가 없네요."

"정말 그렇군요."

"언제 이렇게 많이들 가입했지? 우리 집 빼놓고 거의 다 가입했나 봐요."

"그럼요. 이 기회에 마이라인에 대해 설명을 좀 드릴까요?"

"네. 한 번 들어보죠."

드디어 주부의 입에서 기다리고 기다리던 말이 나왔다. 가즈토는 고객 접근 도구인 '어프로치 툴' 자료가 보이도록 클리어 파일의 다른 페이지를 펼쳤다. '지금으로부터 100년 전'이라고 적힌 큼지막한 글씨가 보였다.

"와, 이건 뭐예요?"

가즈토는 전화의 역사에서부터 차분히 설명을 시작했다. 주부는 어느새 가즈토의 이야기에 빠져들고 있었다.

"소장님, 멋지다! 마술사 같아요."

빅마마가 눈을 동그랗게 뜨며 흥분된 목소리로 말했다. 가즈토는 보란 듯이 계약을 성사시켰다.

"원래 처음 들른 집에서는 성공하기 어려운 법인데, 오늘은 운이 좋았어요."

"비결 좀 가르쳐주세요."

"간단해요. 우선 바로 물건을 팔려고 덤벼들지 말 것! 무조건 물건을 팔 생각부터 하는 건 바로 영업을 망치는 지름길이거든요."

"아, 그렇군요."

"그리고 고객이 먼저 원할 때까지는 절대 상품 설명을 해서도 안 됩니다. 이게 그 일을 위한 소도구지요."

가즈토가 지도를 가리키며 말했다.

"이 지도가요?"

"맞아요. 이건 마당발에게 부탁해서 특별히 만든 건데, 내 주변에 다른 사람들은 어떻게 살고 있는지 알고 싶어 하는 사람들의 심리를 이용한 거라고 할 수 있죠. 다른 상품 같은 경우에는 고객 게시판에 좋은 상품평이나 사용 중인 사진이 올라오면 홍보 효과가 제법 크지만, 마이라인은 그럴 만한 요소가 없으니까 지도라도 이용해야 하는 겁니다."

"그럼 파일에 있는 탤런트 사진도 그런 목적인가요?"

혼혈공주가 말하는 '탤런트'의 영어 발음이 너무 좋아서 자칫 못 알아들을 뻔했다. 아무래도 따로 우리식의 외래어 발음부터 가르쳐야 될 것 같았다.

"물론! 고객이 그 탤런트를 안다거나 광고를 본적이 있다고 하면 성공 궤도에 오른 겁니다. 왜냐하면 그건 고객의 심리가 설명을 들을 수 있는 모드로 바뀌었다는 의미거든요. 그때부터는 티를 내지 않으면서 최대한 상대방이 먼저 상품 설명을 듣고 싶어 하도록 만들어야 하는 거죠."

"우와, 여우같잖아요."

"좀 여우같긴 하지만, 어디까지나 지혜롭게 행동하자는 거죠. 아무튼 중요한 건 고객이 싫어할 만한 언행은 절대 하지 않는다는 겁니다. 불쾌하게 해서 좋을 건 아무것도 없으니까요."

두 사람의 눈빛이 달라지고 있었다. 자신도 할 수 있을 거라는 생각이 드는 게 분명했다.

"자, 그럼 다음은 누가 하지? 지금 내가 성공시킨 계약은 이번에 도전할 사람의 실적으로 주겠습니다!"

두 사람이 동시에 손을 들었다.

조금 늦게 낸 듯한 감이 없지 않지만, 어쨌거나 가위바위보에서 이긴 빅마마가 다음 계약에 도전하기로 했다.

빅마마는 고객과 어느 정도 대화가 무르익어가는 정도까지 상황을 이끌었다. 그런데 막상 상품 설명에 들어가려 하자 고객이 "관심 없어요!"라는 한 마디로 매몰차게 거절했다.

가즈토는 실패의 이유를 집어냈다.

"방금 고객이 거절하기 전에 좋은 정보라는 말을 꺼냈죠? 그런 말은 쓰는 게 아닙니다."

"네? 좋은 정보인데 왜 듣기 싫어하는 거죠?"

"진짜 좋은 정보라면 누가 싫겠어요? 하지만 영업사원이 직접 말하는 좋은 정보는 왠지 신빙성이 없어서 뭔가 속고 있다는 기분을 들게 한단 말이죠."

"아, 그렇군요."

"인간 대 인간으로서의 신뢰관계가 만들어질 때까지는 상품에 대한 이야기를 꺼내면 안 됩니다. 그래서 그 순간이 얼마나 빨리 찾아오게 만드는지가 바로 영업사원의 능력이라고 할 수 있죠."

다음은 혼혈공주 차례였다.

서툰 일본어로 더듬거리며 애써 설명하는 혼혈공주의 모습은 우려와 달리 오히려 효과적이었다. 굳이 연기를 하지 않아도 정말로 길을 몰라서 말을 거는 사람처럼 보였다. 이야기를 나눌 때도 일본어가 서툴다보니 고객이 오히려 대화를 이끌어가는 모양새가 되었다. 그 결과 고객은 좋은 분위기 속에서 자연스럽게 마이라인 가입을 결정했다.

"와우! 해냈구나, 혼혈공주!"

빅마마는 자기 일처럼 기뻐하며 박수를 쳤다. 혼혈공주는 아직도 자기가 실적을 올렸다는 사실을 믿지 못하는 것 같은 표정이었다. 동그랗게 뜬 두 눈을 연신 깜박거렸다.

"말주변이 없는 사람이 오히려 영업에 더 적합하다는 게 나의 지론이죠. 그런 의미에서 혼혈공주는 아주 소질이 풍부해요."

그날 세 사람은 저녁 무렵까지 서른 가구를 방문했고, 다섯 건의 계약을 성사시켰다.

"그 볼펜 작전, 정말 멋졌어요."

빅마마가 가즈토의 도움을 받았던 때를 떠올리며 말했다. 40대 중반으로 보이는 남성 고객과 이야기가 잘 풀리지 않을 때의 일이었다.

"아, 그거? 그건 내 추측이 맞았기 때문에 성공할 수 있었던 겁니다. 평일 낮에 집에 있는 남자라면 재택근무를 할 가능성이 크죠. 글쓰기 같은 거 말입니다. 지금이야 대부분 컴퓨터로 글을 쓰지만, 그 남자 연령대라면 젊었을 때는 볼펜으로 글을 썼을 가능성이 큽니다. 그래서 나 역시 너무 비싸다 싶으면서도 좋은 볼펜을 가지고 다니는 거긴 하지만요. 써보면 확실히 다르니까요. 볼펜이라면 내가 연구 좀 했죠. 그래서 그 사람도 필기구에 관심이 있을 거라고 추측한 거고."

정말로 그 남자는 가즈토가 볼펜과 관련한 이야기를 꺼내자 갑자기 대화에 적극적인 반응을 보였었다.

"소장님, 꼭 탐정 같아요."

"하하! 탐정까지는 아니더라도, 영업에서 제일 중요한 일이 사람을 관찰하는 일이긴 하죠. 그래서 그런지 방문판매는 남자보다 여자가 훨씬 더 잘하더라구요. 하긴 나도 열심히 하면 방문판매를 잘할 수 있을지도 모르지. 볼펜이 됐든 무엇이 됐든, 가지고 있는 건 다 이용하면서 말이죠."

빅마마 팀은 가즈토가 동행하며 도와준 이후 꽤 의욕이 솟는 듯했다. 무엇보다 그녀들의 달라진 눈빛이 그 사실을 말해주고 있었다. 사실 운 좋게 큰 계약을 성사시키는 것보다 작은 성과를 꾸준히 쌓아가는 것, 그것이 영업에서는 훨씬 더 중요한 부분이라고 가즈토는 생각했다.

제4장 위기의 그림자

가즈토가 C시의 영업소장으로 발령을 받고부터 한 달이 조금 더 지났을 때였다. 한 달 목표 계약건수는 약 350회선. 하지만 첫 달에 성사시킨 계약은 겨우 120건 남짓이었다. 전국 100개 영업소의 실적 중 꼴찌였다.

빅마마와 혼혈공주로 구성된 빅마마 팀은 꾸준하게 계약을 성사시키고 있었다. 하지만 개인을 상대로 하는 영업은 원래 시간에 비해 성과가 적다. 보통 한 집에서 사용하는 전화가 대부분 한 대에 불과하기 때문이다.

대기업으로만 영업을 나가는 대박형제에게서는 아직 싹이 틀 기미가 보이지 않았다. 가끔 진행 상황을 물어보면, 열심히 하고 있는 것 같기는 했다. 기업 쪽은 계약을 성사시키기까지 워낙 시간이 걸린다는 것을 잘 알고 있었기 때문에, 가즈토는 좀더 지켜보다가 자신이 함께 나가보기로 했다.

문제는 중소기업을 돌고 있는 동키 팀이었다. 동키는 티베트에서 오랫동안 생활해서 그런지, 보통 사람들의 생각으로는 이해하기 힘들 만큼 천하태평이었다. 말씨는 정중했지만 느릿느릿했고, 고객의 질문도 일일이 메모해서 사무실로 가지고 왔다. 컴박사가 알고 있는 것들은 그 자리에서 답을 해줌으로써 해결이 되었지만, 그래도 많은 부분이 숙제로 남았다. 그러면 마당발이 본부를 통해 대답해줄 만한 기술자를 찾아내어 메일로 질문을 하고, 대답이 오면 컴박사가 그것들을 자료로 만들어서 다시 고객에게 전달했다.

일의 진행과정은 더없이 정중하고 차분했지만, 효율성은 제로였다. 하지만 나름의 생각이 있었던 가즈토는 일단 참견하지 않고 지켜보기로 했다.

이런 상황이다 보니 개인을 상대로 한 빅마마 팀의 영업이 실적의 절반을 차지하고 있었다. 그렇게라도 120건 남짓한 계약을 체결했다는 게 기특할 정도였다.

하지만 본부에서의 평가는 달랐다.

어느새 녹음이 짙어가고 햇살은 뜨거워졌다. 빅마마는 영업을 나가기 전이면 어김없이 자외선 차단제를 꼼꼼하게 발랐다. 황금연휴가 많은 5월 초이다 보니 실적이 영 오르지 않고 있었다.

"이제 슬슬 좋아지겠지." 하고 가즈토는 혼잣말을 했다.

5월도 보름을 넘어서고 있었다.

이달의 계약 건수는 모두 100건. 지난달에 비하면 괜찮은 성적이었다. 드디어 동키 팀의 정중한 영업 방식이 열매를 맺고 있었다. 이들의 성실한 태도에 믿음을 갖게 된 몇몇 기업들이 흔쾌히 계약에 응해주었다.

일단 동키 팀과 두세 번 상담을 한 기업들은, 즉시 A4용지로 50페이지가 넘는 분량의 자료를 받아볼 수 있었다. 그 내용 역시 마당발이 추천한 본부의 직원이 작성해준 것인 만큼 신뢰성이 높고 알찼다.

컴박사는 글 솜씨가 있어서, 어려운 전문용어들을 중소기업 경영자들이 쉽게 이해할 수 있도록 풀어쓰는 능력이 뛰어났다. 물론 컴박사 스스로 나름대로의 전문 지식을 가지고 있기 때문에 가능한 일이었다. 게다가 동키의 우직한 일처리 방식이 고생이 많은 중소기업 경영자들의 마음을 감동시키는 데 적절한 역할을 했다.

질문 내용은 대부분이 거기서 거기였다. 그렇다보니 굳이 본부에 묻지 않아도 가지고 있는 자료들을 활용해서 답할 수 있는 부분들이 점점 많아졌다. 그에 따라 효율성도 높아졌다. 계약을 성사시키기까지 회사를 방문하는 횟수도 점점 줄어들었고, 어떤 경우에는 한 차례의 추가 방문만으로 계약이 이뤄지기도 했다.

이게 바로 가즈토가 바라던 방식이었다.

누구에게나 자기만의 일하는 방식이란 게 있기 마련이다. 우직해서 처음엔 성과가 잘 보이지 않지만, 나중에는 처음부터 기울여온 노력들이 발효되어 큰 열매를 맺는 경우도 종종 있다. 동키 팀의 일하는 방식이 바로 그랬다.

대부분의 간부들은 실적을 내지 못하는 사원들에게 자신만의 방법을 강요한다. 하지만 그런 방법이 모두에게 효과적이라고 볼 수는 없다. 자기답지 못한 방법을 강요당하면 의욕이 떨어지는 것은 물론 실적을 올리는 능률도 떨어지기 때문이다. 하지만 자신에게 맞는 방식으로 열심히 일하고 있는 직원은 단지 지원만 해주어도 반드시 좋은 결과를 만든다. 이것이 바로 가즈토의 신념이었다. 남에게 강요받는 것을 무척이나 싫어하는 그였기에 더더욱 이런 생각이 강했다.

가즈토가 동키 팀의 실적에 뿌듯해하고 있을 때, 큰누님이 본부에서 걸려온 전화를 돌려주었다.

큰누님은 30대 중반의 파견사원으로, 이미 여러 회사들을 거친 베테랑이었다. 말을 직선적으로 하는 타입이어서 조금 거친 면이 없지 않지만, 그런 만큼 겉과 속이 다르지 않다는 장점을 가지고 있어서 영업소 사람들이 모두 좋아했다. 게다가 20대 중반이라고 해도 믿을 만큼 애교 있는 얼굴이 호감을 주는 또 하나의 이유라면 이유였다.

전화는 내일 영업본부로 나오라는 본부장의 호출을 전하는 내용이었다. 며칠 전부터 예감하고 있던 일이 드디어 찾아왔다.

다음날 아침 일찍, 가즈토는 본부로 출근했다.

C시에 있는 가즈토의 영업소 건물과는 비교도 되지 않을 만큼 크고 멋진 빌딩이었다. 가즈토는 23층 건물의 가장 꼭대기에 있는 응접실로 안내되었다. 날씨만 맑으면 도쿄의 거리가 멀리까지 내다보일 것 같은 전망이었지만, 공교롭게도 아침부터 부슬부슬 비가 내리고 있었다. 간접 조명이 켜진 어둑어둑한 방 안에서, 그것도 적당히 몸이 파묻히는 소파에 기대앉아 있으려니 왠지 어둠 속으로 서서히 가라앉는 기분이 들었다.

비서가 내온 차를 마시며 5분 정도 더 기다리자 조용히 응접실 문이 열렸다.

"처음 뵙겠습니다, 요시다 소장! 타지마라고 합니다."

160센티미터 정도의 키에 조금 마른 듯한 몸과 둥근 얼굴을 한 남자가 높고 날카로운 목소리로 인사를 했다. 이마가 조금 벗겨져 있었다. 얇은 입술에 미소를 띠고 있었지만, 금속 안경테 너머의 가느다란 눈은 전혀 웃지 않고 있었다. 맞춤 양복으로 보이는 짙은 색 슈트를 말쑥하게 차려입고 있었는데, 비오는 날씨에도 불구하고 바지 자락이나 구두 어디에도 얼룩하나 묻어 있지 않았다. 빈틈이라곤 전혀 찾아볼 수 없는 남자였다.

"요시다 소장의 소문은 익히 들어서 잘 알고 있습니다. 영업의 달인이시라고 하던데……. 그래도 아랫사람들 관리하는 일이 쉽지는 않죠?"

"제 능력이 부족해서 근근이 해나가고 있습니다."

"이번 마이라인 영업을 위해 정확하게 100개 영업소를 열었습니다. C시는 지금 실적이 어느 정도인가요?"

이미 다 알고 불렀으면서…… 아주 불쾌한 녀석이다. 가즈토는 입을 꾹 다물고 대꾸하지 않기로 했다.

"지난주 간부 회의에서 영업 총괄 이사님께 100개 영업소는 너무 많다는 지적을 받았습니다. 어쩔 수 없이 통폐합을 검토해야 될 입장입니다."

"……."

"C시 영업소의 한 달 목표량은 몇 회선입니까?"

"350회선입니다."

"현재 몇 회선 정도 성사시켰습니까?"

이미 다 파악한 정보고 또 그것 때문에 부른 게 아니었던가. 매일 2시까지 그날그날의 계약 건수를 컴퓨터에 입력하면, 본부장은 언제든지 그것을 확인할 수 있었다.

"어제 마감 시간까지 105회선 달성했습니다."

"이번 달에도 350회선은 힘들겠군요."

"하지만 본부장님, 그동안 뿌린 씨앗들이 이제 열매를 맺고 있습니다. 다음 달 정도면 지지부진하던 실적을 만회하는 것은 물론이고, 목표를 넘어설 수도 있을 것 같습니다."

"마이라인 영업의 전설이신 요시다 소장의 말씀인데, 저야 당연히 믿지요. 하지만 실적이 계속 전국 꼴지를 기록하고 있으니, 어느 정도 결과를 보여주지 않으면 해체하는 수밖에 없습니다. 제 입장도 이해해주십시오."

가즈토는 다시 침묵에 잠겼다. 확실히 이 세계에서는 결과가 전부였다. 그리고 그 책임은 모두 결과를 내지 못한 자의 몫이었다.

"이번 달 목표를 달성해주십시오. 그렇지 않으면 다음 달에 F시의 영업소와 통합시킬 수밖에 없습니다. 윗선에서 이미 결정된 사실이니 저도 어쩔 수 없습니다. 그럼 잘 부탁드립니다."

타지마는 곧 회의가 있다면서 더 이상의 말도 없이 먼저 방을 나갔다.

영업소로 돌아온 가즈토는 소장실에 틀어박혀 꼼짝하지 않았다. 계약 전망표만 뚫어져라 바라봤다. 표대로라면 이번 달에도 100회선 정도가 목표 미달일 게 뻔했다.

노크 소리가 들리고, 큰누님이 걱정스러운 표정으로 가즈토의 눈치를 살피며 들어왔다.

"아, 무슨 일이죠?"

"안색이 안 좋으셔서, 본부에서 무슨 일이라도 있으셨는지 걱정이 돼서요."

"음, 여기 좀 앉아 봐요."

큰누님은 가즈토 자리 옆에 놓인 의자에 앉았다.

"사실은 이번 달 목표를 달성하지 못하면 F시의 영업소와 통합시키겠다는 말을 들었어요. 나는 당연히 잘리는 거고, 사무직원들도 마찬가지겠죠."

"목표량을 채우는 건 무리일까요?"

"내 생각으로는 아무리 애써도 100회선 정도 모자랄 것 같아요. 기적이라도 일어나지 않으면 도저히 불가능한 일이죠. 큰누님은 우수한 사무직원이니까, 너무 마음 상하지 말고 다른 직장을 알아보는 게 좋겠어요."

"잠깐만요! 아직 보름이나 남았어요. 이제 모두들 각자가 찾은 영업 방법에도 익숙해지고 서서히 실적도 올라가기 시작했잖아요. 벌써부터 포기하지 마세요."

"물론 최선을 다하겠지만, 350회선은 너무 무립니다."

"이대로 영업소가 해체되고 말면 저희들은 모두 패배자가 될 수밖에 없겠군요……."

"인생에서 이기고 지는 건 없어요."

"모두가 소장님 밑에서 함께 일하는 것에 막 재미를 느끼고 있다구요. 그런데 이제 F시와 통합되면 아무런 실적도 내지 못하던 처음으로 돌아가는 꼴이 되고 말아요. 제발 그렇게 되지 않게 해주세요."

패배자는 당신들이 아니라 바로 납니다. 가즈토는 그렇게 생각했지만, 차마 입 밖으로 내뱉지 못했다.

제5장

누가 패배자인가

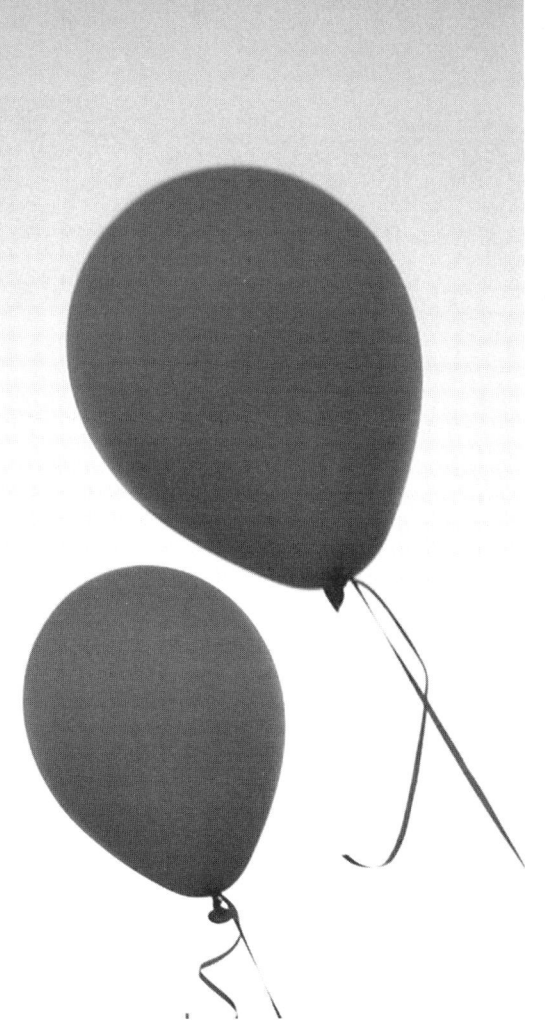

"정말 패배자의 인생이란 말인가."

가즈토는 집으로 돌아오는 전차 안에서 큰누님의 말을 몇 번이고 되뇌었다. 아침부터 내리기 시작한 비는 밤이 되사 그 빗줄기가 더욱 강해졌다. 전철 유리창에 부딪치는 세찬 빗방울 소리가 가즈토의 가슴 속으로 파고들었다.

그들이 왜 패배자란 말인가. 대박형제는 비록 일류대는 아니지만 그래도 버젓하게 4년제 대학을 졸업한 사람들이다. 게다가 모두들 젊지 않은가. 앞으로 얼마든지 만회할 기회가 있을 것이다. 대학도 못 나온 데다 이제 나이까지 먹을 대로 먹어 프리랜서로 영업을 하고 있는 나야말로 정말 패배자가 아닐까?

말이 소장이지, 임시로 고용된 처지에다 이렇다 할 권한도 없는 가즈토는 본부의 정사원들이 언제든지 잘라버릴 수 있는 존재였다.

그동안 가즈토는 특별히 자신의 학력에 대해 부끄러워하지 않았다. 그는 대학에 들어가는 사람들이 드물었던 시골에서 태어나고 자랐다. 하지만 그때 조금만 더 멀리 미래를 내다볼 줄 알았더라면 하는 후회는 있다.

가즈토가 고향을 떠나 상경한 것은 고등학교를 졸업한 뒤였다. 공부가 싫으면 하루 빨리 안정된 직업을 가지라는 아버지의 강력한 권유로 전문학교에 입학했다. 국어나 사회 같은 문과 계통 과목에는 아주 약했지만, 반면 물리에는 강했다. 그래서 택한 전공이 엑스선 기사가 되는 과정이었다. 엑스선 기사의 보수가 높다는 사실이 무엇보다 마음에 들었다.

학비를 벌려고 병원에 나가 엑스선 기사의 일을 돕는 아르바이트를 했다. 하지만 그 병원이 문을 닫으면서 더 이상 공부를 지속하기가 어려웠다. 그때 마침 병원에 드나들던 한 납품업자가, 말솜씨가 좋으니 영업에 잘 어울리겠다면서 가즈토에게 백과사전 영업 일자리를 소개시켜주었다. 가즈토는 영업 수당이란 말이 무슨 뜻인지도 모른 채 선뜻 그 일을 하기로 결정했다. 입사하고 3개월 동안은 월급이 10

만 엔 정도 나온다고 했다. 나중에 선배와 이야기를 나누다가, 4개월째부터는 물건을 하나라도 팔지 못하면 교통비 외에는 한 푼도 지급받지 못한다는 사실을 알았다. 가즈토는 그제야 정신이 번쩍 들었다. 도둑질하듯 선배의 영업 방식을 배우며 필사적으로 백과사전을 팔러 다녔다.

그때부터 가즈토는 다양한 영업 기술을 익혔다. 얼마 전에 빅마마 팀에게 가르쳐주었던 '지도로 말 걸기' 방법도 이때 배운 것이다. 그는 우선 자신이 팔고 있는 브랜드의 백과사전이 어떤 가정에 판매되었는지부터 조사하기 시작했다. 조사를 마친 후에는, 엄마들 사이에서 공부 잘하기로 소문난 이웃집의 누구누구가 보는 백과사전이라고 선전하기 시작했다. 그러자 대부분의 엄마들이 너나없이 백과사전을 사겠다고 했다.

"우리 애는 책을 보지 않아서요. 사지 않겠어요"라고 거절하는 엄마가 있었다. 가즈토는 잠깐 그 아이 방에 들어가 함께 얘기 좀 할 수 있게 해달라고 부탁했다. 조립식 장난감이랑 게임기들이 잔뜩 어질러져 있어서 발 디딜 곳을 찾기조차 힘든 방이었다.

"책을 안 본다고? 왜 안 보는 거니?"

"재미가 없잖아요."

"음, 그럼 넌 뭐가 재밌는데?"

"자동차……."

"아, 자동차를 좋아하는구나. 그럼 이거 한 번 볼래?"

가즈토는 백과사전 전집 중에서 자동차의 역사가 실려 있는 책을 골라 펼쳤다. 책에는 자동차가 발달해온 과정이 연대순으로 나열되어 있었고, 선명한 사진과 그림도 함께 곁들여져 아주 자세히 설명되어 있었다.

"옛날에는 자동차가 이렇게 생겼었단다. 한 시간 내내 달려도 몇 킬로미터도 가기 힘들었지."

"와, 신기하다!"

"그래도 모양은 지금이랑 크게 다르진 않지?"

"네."

"이건 토요타 2000GT라는 차야. 지금보다 멋있지 않니?"

"별로."

"그래? 형은 이 차가 제일 멋있는데."

"난 여기 이 차가 더 좋아요."

어느새 백과사전은 아이 손에 들려 있었다. 너무 열심히 읽고 있는 것 같아 가즈토는 더 이상 말을 걸지 않았다.

"저, 이 책 좀 보여주세요."

몇 분이 지나자, 아이는 '우주와 날씨' 편을 보여 달라고 했다. 행성과 성운 사진을 본 아이는 "와, 멋있다!" 하며 몇 번이나 감탄사를 쏟아냈다.

그때 아이 엄마가 음료수를 가지고 들어왔다.

"엄마, 이것 좀 봐요. 여기서 이 별까지 가려면 빛의 속도로 가도 100만 년이나 걸린대요. 정말 대단하지 않아요?" 아이 엄마는 정신없이 책을 읽고 있는 아이의 모습이 놀랍기만 한지, 눈을 동그랗게 뜨고는 가즈토를 바라봤다. 어찌된 일이냐고 묻는 듯했다. 가즈토는 의기양양한 얼굴로 미소를 지어보였다.

그로부터 3개월 후, 아이 엄마가 명함에 있는 주소를 보고 사무실로 찾아왔다. 가즈토를 만나기 위해 온 것이었다. 가즈토는 느닷없는 그녀의 방문에 혹시 백과사전에 무슨 문제라도 있는 건 아닌가 싶어 잔뜩 긴장했다. 그녀는 전혀 예상치 못한 말을 꺼냈다.

"그때 산 백과사전이 벌써 너덜너덜해졌어요. 한 세트 더 사야겠어요."

이때부터 가즈토는 영업 방식에 감이 잡혔고, 웬만한 고객은 놓치지 않았다. 심지어는 첫째 아들에게 주려고 이미 전집을 구매한 고객이 둘째 아들용으로 한 세트 더 사도록 만든 적도 있었다.

매월 말이면 정말 봉투가 터질 정도로 많은 액수의 월급을 받았다. 당시만 해도 월급을 현금으로 봉투에 넣어주던 시절이었다. 영업이 점점 재미있어지자 무리다 싶을 정도로 일을 많이 했다. 당연히 몸은 점점 축이 났지만, 워낙 젊다보니 이렇다 할 증상을 자각하지 못했다.

처음엔 단순한 감기로 앓아누웠다. 열은 며칠 만에 내렸지만, 몸이 회복되지 않아 3개월 동안 자리보전을 해야 했다. 차가운 비가 내리는 한겨울 날씨에 발끝의 감각이 사라질 정도로 돌아다닌 게 화근이었다. 평소에 앓고 있던 요통이 도져서 일어나지도 못할 정도로 온몸이 쑤셨다. 이대로는 얼마 살지 못하고 죽을지도 모르겠다는 생각이 들었다. 가즈토는 결국 판매 실적에 따라 수당을 받는 영업직에서 손을 뗐다.

얼마 후 아직 20대 중반이었던 가즈토는 다시 작은 회사의 영업부에 취직했다. 경력은 오래되지 않았지만 실적도 좋고, 무엇보다 다른 사람의 마음속을 파고드는 그만의 비법이 살아 있었다.

백과사전을 팔던 시절에 비하면 수입이 많이 줄기는 했지만, 그래도 안정되게 생활할 수 있다는 점이 좋았다. 또 더러 야근을 하기도 했지만, 밥 먹을 시간도 없이 하루 종일 뛰어다녔던 과거에 비하면 그 정도는 아무것도 아니라고 생각했다. 주변을 돌아볼 여유도 생겼고 그러다가 동료 여직원과 연애도 하고 결혼도 했다. 큰 액수는 아니지만 그곳에서도 약간의 영업 수당을 받았기 때문에 생활은 그럭저럭 꾸려갈 만했다.

그렇게 5년 정도가 지나자 서서히 일이 지루해지기 시작했다. 때마침 회사를 그만둔 동료가 전기제품 도매점을 차리는데 영업을 맡아줄 사람이 필요하다며 함께 일할 것을 제의해왔다. 처음엔 좀 망설였지만, 가즈토는 이내 승낙했다.

당시 전기제품 가게는 대부분 특정 회사의 대리점 형식이었다. 가즈토는 그 세계에 뛰어든 지 2년 만에 주변 상권에 있는 대부분의 가게에 전구와 건전지 등을 도매로 공급할 정도가 되었다. 하지만 10년 정도 지나자 곳곳에 대형 양판점이 생겨났고, 소규모의 선기제품 가게들이 하나둘 문을 닫았다. 그렇게 가게들이 거의 문을 닫아갈 즈음, 가즈토의 도매점 역시 거래처를 모두 잃어 사업을 접어야만 하는 상황에 처했다. 결국 가즈토는 40대 중반에 실업자가 되고 말았다. 구직정보센터를 찾아가보기도 했지만, 그때까지 영업 분야의 일만 해온 중년남자에겐 불편하기 그지없는 자리였다.

"뭐가 됐든 자격증이라도 가지고 계시면 좋을 텐데요."

센터의 직원은 사무적이면서도 동정하는 듯한 어조로 말했다.

그는 열심히 구인표를 뒤지더니 겨우 일자리 하나를 찾아냈다. 바로 마이라인의 영업 일이었다.

그렇게 해서 시작한 마이라인 영업은 시작한 지 얼마 되지 않아 곧 1위를 기록하는 성과를 올렸다. 그러면서 차츰 여유가 생기자 가즈토는 영업에 서툰 젊은 여직원들에게 판매 기술을 가르쳤고, 그 여직원들도 상위권의 성적을 올리기 시작했다.

그러자 여직원들 사이에서 가즈토에 대한 입소문이 급속히 퍼져나가기 시작했다. 메일이나 전화로 상담을 요청해오는 사람들이 점점 늘어났다. 그 중에는 어디서 이야기를 전해 들었는지, 가즈토와 전혀 연결고리가 없는 사람들도 꽤 섞여 있었다.

영업 컨설턴트라도 해볼까. 가즈토가 막연하게 이런 생각을 하기 시작할 무렵, C시의 영업소장 자리를 제안하는 전화가 걸려온 것이다. 망설이기는 했지만, 사실은 좋은 기회일지도 모른다고 생각했다. 이 기회에 영업소장으로서도 실적 1위를 달성하면, 앞으로 컨설턴트로서 활동하기 위한 든든한 발판이 될 것 같았기 때문이었다.

그러나 바보 같은 선택이었다. 욕심이 지나쳤다. 가즈토는 타지마의 말처럼 자신이 관리직을 맡을 만한 그릇이 못되는 건 아닐까 고민했다. 소장 자리를 거절하고 바로 컨설턴트의 길로 갔어야 했다.

소장이 된 지 두 달 만에 영업소가 해체된다면, 어떤 클라이언트가 가즈토에게 상담을 하러 찾아올 것인가.

　패배자의 길로 쏜살같이 달려가는 사람은 누구도 아닌 바로 가즈토 자신이었다.

제6장

눈물겨운 도전

5월도 어느새 닷새만을 남겨놓고 있었다.

가즈토의 예측은 정확했다. 이대로라면 한 달 목표에서 100회선 정도가 모자랄 게 뻔했다. 창밖으로 보이는 하늘은 구름 한 점 없이 맑게 개여 있었지만, 며칠째 가즈토의 마음은 여전히 어두운 그림자로 뒤덮여 있었다.

요즈음 빅마마 팀도 실적이 제자리걸음을 하고 있었다. 잘 돼가느냐고 물어보면 그저 "열심히 하고 있어요"라고 대답할 뿐이었다.

조금 다른 변화가 있다면, 아무 말이나 함부로 지껄이길 좋아하던 대박형제의 말투가 조금 정중해졌다는 점이었다. 어떤 심경의 변화라도 생긴 것일까? 그리고 보니 동키 팀도 야근하는 날이 부쩍 많아졌다. 모두가 제 나름의 노력을 하고 있었다.

실적도 4월에 비하면 배 이상이 올랐다. 이를 근거로 타지마에게 시간을 더 달라고 말해봐야겠다고 가즈토는 생각했다. 그가 타지마와 어떻게 교섭을 해야 할지 한창 고민하고 있을 때였다. 큰누님이 전화를 돌려주었다. 뭔가 다급한 목소리였다.

"츠바키모리 전기회사의 이이다라고 합니다. 그쪽 회사의 사원이 찾아와서 뭐라고 얘길 하는데, 일본어가 서툴러서 영 못 알아듣겠어요. 어쨌든 마이라인에 가입해달라는 뜻인 것 같기는 한데……"

츠바키모리 전기회사라면 C시에서는 가장 큰 전기기구 판매회사였다. 콜센터도 가지고 있기 때문에 당연히 전화 회선도 많을 것이다. 그런데 대박형제가 왜 서툰 일본어를 구사하고 있다는 말인가?

"아, 네. 저는 요시다 소장이라고 합니다. 저희 사원이 불편을 끼쳐드려 죄송합니다. 실례지만, 지금 그곳에 가 있는 사원의 이름을 알 수 있을까요?"

상대는 혼혈공주의 이름을 댔다. 법인 영업은 싫다던 혼혈공주가 왜 그곳에 가 있는 것일까? 게다가 같은 팀인 빅마마와 함께 간 것도 아니고 혼자서 말이다.

"지금 이곳으로 좀 와주실 수 있겠습니까? 젊은 사람이 어찌나 열심히 설명을 하는지. 얼른 와서 좀 도와주셔야 할 것 같습니다."

가즈토는 몇 차례나 고맙다는 인사를 하고 정중하게 전화를 끊었다. 넥타이를 고쳐 매고 언제든 들고나갈 수 있게 잘 챙겨둔 영업용 가방과 양복 상의를 집어들고는 재빨리 사무실을 빠져나갔다. 엘리베이터를 기다리는 시간조차 아까워 계단으로 뛰어 내려갔다. 다행히 지나가던 택시를 곧바로 잡아탈 수 있었다. 가즈토는 15분 후에 츠바키모리 전기회사의 응접실에 도착했다.

문을 열자 필사적으로 설명을 하는 혼혈공주의 모습이 보였다. 예상대로 빅마마는 보이지 않았다. 츠바키모리 전기회사 사원 세 명이 앉아서 혼혈공주의 설명을 열심히 듣고 있었다. 그 중 한 사람이 물었다.

"그 이야기는 좀 전에 들어서 알겠고요, 내가 궁금한 건 어느 부서의 회선을 어떤 서비스에 연결시키면 좋은가 하는 거예요. 그걸 좀 설명해주시겠어요?"

"네 그건…… 여기 이 부분에 한자로 써 있어요. 바로 여기예요."

지금까지 이런 식으로 설명을 하고 있었던 게 분명했다. 그런데도 츠바키모리의 사원들은 그녀의 설명에 열심히 귀를 기울여주고 있었다. 혼혈공주는 더듬거리는 일본어 실력으로 어느 때보다 열심히 설명했다. 그런 모습을 보는 것만으로도 가즈토는 코끝이 찡해왔다.

"아, 소장님!"

혼혈공주가 큰소리로 부르자 가즈토는 당황해서 땀을 닦는 척했다.

"요시다 소장이라고 합니다. 저희 사원이 폐를 끼친 것 같아 정말 죄송합니다. 지금부턴 제가 자세히 설명해드리도록 하겠습니다."

가즈토가 츠바키모리 사원에게 명함을 내밀었다.

"여기 이 여자 분이 한 시간 전쯤에, 마이라인 영업을 하고 있으니 제발 잠깐만 이야기를 들어달라며 입구에서 수위 아저씨와 실랑이를 벌이고 있더군요. 전 이 회사 설비 담당자인데, 마침 그 옆을 지나가다가 마이라인 영업이라면 들을 필요도 없다고 거절을 하려고 했지요. 그런데 이 여자분 눈을 보니까 금방이라도 눈물이 뚝뚝 떨어지게 생겼더라구요. 무슨 일이 있나 싶었지요. 잠깐 얘기만 들어달라고 해서 이 방으로 데리고 왔습니다. 그랬더니 울면서 벌써 스무 곳이나 되는 회사에서 거절을 당했다고 하더군요."

가즈토는 손수건으로 눈언저리를 눌렀다.

"자료는 알기 쉽게 되어 있긴 한데, 정작 우리가 알고 싶어하는 내용은 없더라구요."

혼혈공주가 그들에게 보여준 것은 거의 그림으로만 되어 있는 가즈토가 준 자료였다. 자료에 모든 내용이 담겨 있으면 고객들은 영업사원의 필요성을 느끼지 않는다. 자료만 읽어도 충분한데 굳이 영업사원의 이야기를 들을 이유가 없는 것이다. 그래서 사원들에게 중요한 건 반드시 말로 설명하라고 지시하면서 준 자료였다.

"궁금한 게 있어서 몇 가지 물어봤는데, 일본어가 서툴러서 영 이해가 되지 않더군요. 그래서 이쪽 분야에 대해 잘 아는 기술직 사원을 불렀는데도 신통치가 않더라구요. 어쨌거나 이 여자 분이 필사적으로 설명을 하고 있다는 건 알겠는데…… 너무 안타까워서 명함을 보고 소장님께 전화를 드린 겁니다."

가즈토는 연신 고맙다는 인사를 하고는 혼혈공주 대신 곧바로 설명에 들어갔다. 혼혈공주는 참으려 애썼지만, 흐르는 눈물을 감추지 못했다. 혼혈공주의 모습에 가즈토 역시 눈물이 쏟아질 것 같았다. 하지만 자신이라도 냉정을 되찾아야겠다고 생각했다.

이야기를 해보니 그동안 츠바키모리 전기회사는 불필요한 전화요금을 굳이 지불하고 있었다. 가즈토의 영업소를 통해 마이라인에 가입하면 요금을 반 정도 줄일 수 있었다.

"안 그래도 지금 사장님께서 경비삭감안을 제출하라고 해서 고민하고 있었습니다. 말씀하신 내용대로 기안을 올리면 흔쾌히 결재가 이뤄질 것 같습니다. 걱정하지 마십시오."

"아, 그렇습니까? 그럼 사무실로 돌아가 바로 견적서를 만들어서 보내드리도록 하겠습니다. 만약 이달 안에 계약을 체결해주시면, 소장 권한으로 가격을 좀더 깎아드리겠습니다."

"아마 가능할 겁니다. 저하고 사장님 도장만 찍으면 되니까요."

츠바키모리의 회선 수는 100개 남짓 되었다. 이 일만 성사된다면 C시의 영업소는 보란 듯이 살아남을 수 있었다.

츠바키모리 전기회사를 나오자, 가즈토는 또순이에게 전화를 걸어 견적서를 만들도록 지시했다. 또순이는 정확하고 야무지게 일처리를 하고 서류 작성도 아주 빨랐다.

또순이에게 서류를 맡겼으니 안심해도 될 터였다. 가즈토는 혼혈공주를 달래기 위해 가까운 전철역 근처의 카페로 그녀를 데려갔다.

"아주 잘했어요, 혼혈공주. 당신 덕분에……."

거기까지 말하고 가즈토는 입을 다물었다. 영업소 해체 이야기는 아직 사원들에게 하지 않은 상태였기 때문이다. 사원들에게 스트레스를 주지 않기 위한 그의 배려였다.

"이제 다음 달에도 소장님을 볼 수 있는 거죠?"

"어? 그걸 어떻게 알았죠……?"

분위기가 차분하고 꽤 기품이 느껴지는 카페였다. 모차르트 교

향곡 41번, 주피터의 화사한 선율이 적당한 크기로 흐르고 있었다.

　가즈토는 지금도 이 음악을 들으면, 당시의 감동이 느껴지면서 새삼 용기가 솟는다. 혼혈공주는 가즈토가 평생 잊지 못할 이야기를 하기 시작했다.

제7장

환상의 팀워크, 그 무한한 가능성

주피터의 마지막 악장, 금관악기의 화려한 연주가 시작될 즈음이었다. 혼혈공주는 싫어하던 법인 영업에 뛰어들게 된 이유를 설명하기 시작했다.

"소장님이 어두운 얼굴로 본부에 다녀오신 다음날, 큰누님이 영업사원들 전부와 또순이에게 함께 점심을 먹자고 했어요."

사원들에게 속내를 다 드러내다니, 아직 멀었어. 가즈토는 약한 모습을 보인 자신이 부끄러웠다.

"큰누님이 다 말해줬어요. 소장님이 본부에서 무슨 말을 듣고 왔는지요. 그래서 모두 다 알고 있었어요."

그런 거였구나……..

이야기는 열흘 전, 가즈토가 큰누님에게 이번 달 목표를 달성하지 못하면 F시의 영업소와 통합된다는 이야기를 하던 때로 거슬러 올라갔다.

소장실을 나온 큰누님은 자기 책상에 앉아 골똘히 생각에 잠겼다. 만일 통합이 된다면 소장은 당연히 해고가 될 것이다. 뿐만 아니라 사무직원도 두 명씩 필요하지 않을 것이다. 그렇다면 월급을 더 많이 받고 있는 자신부터 해고될 게 뻔했다. 또순이라도 남게 된다면 다행이지만, 그마저도 확실하지 않았다.

그럼 영업사원들은 어떻게 될까. 마당발은 원래 본사 직원이니까 상관없을 테고, 꽃미남 정도라면 살아남을지도 모를 일이다. 하지만 나머지 사람들은 너무 개성이 넘쳤다. 아마 대부분 해고될 게 분명했다. 사실상 통합이 아니라 폐지나 마찬가지였다. 소장은 이미 반 정도 포기하고 있는 상태다. 그의 예측대로라면 목표보다 100회선이나 모자란 상황이다. 노련한 전문가의 예측이니 그대로 될 가능성이 크다. 그렇더라도 이대로 포기할 수는 없다.

큰누님은 가즈토에게 "저희들은 모두 패배자가 되겠군요"라고 했던 말을 몹시 후회하고 있었다. 그건 해서는 안 될 말이었다. '패배자'라는 말을 듣는 순간, 소장의 안색이 확 바뀌었기 때문이었다. 누구보다 먼저 패배자가 될 사람은 소장 자신이었다. 굳이 말하지 않아도 그건 누구나 알 수 있는 사실이다. 하지만 큰누님이 던진 '패배자'란 말은, 그 누구도 아닌 자기 자신을 향한 것이었다.

큰누님은 전문학교를 졸업하고 일류 기업 사무직에 취직했다. 어려서 일찍 아버지가 돌아가셨기 때문에 별로 넉넉하지 못한 집안에서 자랐다. 시간제 일을 하는 어머니의 돈벌이로 근근이 살았다. 자기보다 성적이 나쁜 친구들이 4년제 대학에 가는 걸 보고도 별로 신경 쓰지 않았다. 무엇보다도 제대로 된 직장을 빨리 구해야겠다고 생각했기 때문이다. 전문학교도 아르바이트를 하며 빠듯하게 다녔다.

편모 가정에서 어렵게 자란 큰누님이 일류 기업에 들어갈 수 있었던 이유는 실력이 워낙 뛰어난 데다, 학교 측의 강력한 추천 덕분이었다. 사실 요즘 기업들은 표면에 드러내지는 않지만, 같은 실력이라면 좋은 집안에서 자란 사람을 뽑는다. 또 회사에 아는 사람이 있으면 취직이 더 확실하다. 하지만 이 모든 장애를 뛰어넘을 정도로 큰누님의 실력은 탁월했다.

큰누님이 취직을 하자 홀로 딸을 키운 모친의 기쁨은 말할 것도 없었다. 큰누님은 그 회사를 평생직장으로 삼을 작정이었다. 잠깐 다니고 말 직장이라고는 꿈에도 생각하지 않았다.

예쁘장한 얼굴 덕분에 큰누님은 남자 사원들 사이에서 인기가 많았다. 자기 생각을 시원스럽게 얘기하는 성격도 호감을 사는 큰 이유였다. 하지만 이런 성격이 동료나 선후배 여자 사원들에게까지 반드시 호감적인 것은 아니었다. 오히려 정반대였다.

사귀자며 쫓아다니는 남자 사원들이 여럿 있었지만, 큰누님은 탄탄하게 경력을 쌓아 전문가가 되겠다는 일념으로 단호하게 거절했다. 그러던 어느 날, 누가 봐도 엘리트라고 할 만한 남자 사원 한 명이 큰누님에게 함께 식사를 하자며 데이트 신청을 했다. 자신만만한 그 남자는 회사 복도에서 말을 걸어왔다. 큰누님은 부드럽게 거절했다. 그런데 이 모습을 지켜보던 큰누님의 선배가 있었다. 그녀는 이미 그 남자 사원에게 접근했다가 거절당한 터였다.

그때부터였다. 동료나 선후배 중 어느 누구도 큰누님에게 함께 식사하자고 말을 거는 사람이 없었다. 심지어 회식에도 부르지 않았다. 처리해야 할 일이 부쩍 늘어나 야근을 하는 날들이 많아졌다.

기가 센 큰누님이었기에 한동안은 그런 것에 개의치 않고 열심히 일했다. 하지만 부서의 직원들이 다른 사람이 저지른 중대한 실수를 그녀 탓으로 몰아붙여 부장에게 크게 문책을 당하는 일이 발생했다. 그 일이 있은 후, 큰누님은 더 이상 회사에 남고 싶은 마음이 없어졌다.

다음날, 큰누님은 회사에 사표를 냈다. 어머니로부터 인내심이 부족하다는 말을 들었지만, 울면서 죄송하다는 말밖에 하지 못했다. 어머니를 향한 미안한 마음과 후회가 뒤섞인 눈물이 끝도 없이 쏟아졌다.

그리고 15년이 지났다. 지금도 큰누님은 여러 회사의 파견사원으로 근무하고 있다. 이전에 가즈토가, 그렇게 능력이 우수한데 왜 정사원이 되지 못했느냐고 물었던 적이 있었다.

"일단 한 번 파견사원으로 일하면 정사원이 되기는 힘들어요."

당시 큰누님의 대답이었다. 하지만 큰누님이 자신을 패배자라고 생각한 것은 정사원이 되지 못했기 때문이 아니었다. 한 마리 늑대처럼 독자적으로 살아가는 것도 나쁘진 않았다. 다만 모두가 하나 되어 무언가를 이루는 일을 오래전부터 해보고 싶었는데, 그 꿈이 깨질까봐 두려웠던 것이다.

그러던 차에 일하게 된 곳이 여기 임시 영업소였다. 소장이나 직원이나 모두 일시적으로 고용된 사람들이었다. 말하자면 프로젝트나 이벤트를 위해 모인 사람들인 것이다. 다행히 소장도 팀이 하나로 뭉쳐 무언가를 이루기를 꿈꾸는 사람 같았다. 큰누님은 드디어 팀의 일원이 되어 열심히 일할 기회가 생긴 것 같아 기뻤다. 그동안 자신이 잃어버리고 있던 것을 C시의 영업소에서 되찾을 수 있을 거라는 기대감 때문에 마음이 뿌듯하기까지 했다.

그래서 가즈토가 포기하려고 하자 집요하게 물고 늘어지며, 하지 않아도 좋을 말까지 해버린 것이다.

"하고 싶은 말은 해야 하는 게 내 성격이야. 기분이 상했다고 해도 할 수 없어."

큰누님은 이 위기를 극복하기 위해 자신이 할 수 있는 일이 무엇인지 생각하기 시작했다.

아침부터 내리던 빗줄기가 점점 강해져서 영업소 창문을 두드리는 소리가 요란했지만, 큰누님의 귀에는 조금도 들리지 않았.

다음날 큰누님은, 또순이와 영업사원 모두가 한자리에 모여 점심을 먹을 수 있도록 자리를 마련했다.

"모두 잘 들어요. 어제 소장님이 본부에서 무슨 소릴 듣고 왔는지 알아요?"

큰누님의 강단진 말투에 놀라서 모두 무슨 일인가 싶은 얼굴로 서로를 바라봤다.

"세일즈맨으로서는 우수할지 몰라도, 소장으로서는 그릇이 안 된다고 그랬대요."

"누가 그딴 말을 한 거야?"

대박형제의 형인 다카시가 흥분해서 큰 소리로 말했다.

"영업본부장이요. 이번 달 목표를 달성하지 못하면 F시의 영업소와 통합시킨다고 했답니다. 그렇게 되면 마당발 빼고는 모두 해고될 거예요."

"아이고, 우리 아들 학비는 어떡해?"

빅마마가 자기 신세를 걱정하기 시작했다.

"왜 소장님은 그런 중요한 사실을 우리한테 알리지 않은 거죠?"

이번엔 대박형제의 동생인 쇼지가 물었다.

"모르겠어요? 여러분들한테 스트레스를 줄까봐 일부러 그러신 거죠."

순간 모두가 침묵에 빠졌다. 큰누님은 모두의 얼굴을 훑어보며 기분을 가라앉힌 뒤 말을 이었다.

"그러니까 여러분이 뭔가 해내겠다는 강한 의지를 보여주세요. 난 직장을 여러 군데 다녀봐서 잘 알아요. 우리 소장님처럼 좋은 상사는 흔치 않죠. 이중에서 실적 못 올린다고 한 번이라도 혼나본 사람 있어요? 또 소장님 방식대로 일하라고 억지로 강요당한 사람은요? 없잖아요."

동키가 연신 고개를 끄덕였다. 무얼 해도 천하태평인 그가 이런 반응을 보이기는 처음이었다. 큰누님은 적잖이 놀랐다.

"동키도, 컴박사도, 빅마마도, 혼혈공주도 그전엔 자신이 뭔가를 팔 수 있을 거라고는 상상도 못했던 사람들 아니에요? 하지만 소장님 조언대로 하니까 이젠 물건을 팔 수 있게 되었잖아요. 그것만으로도 정말 뛰어난 분이시죠. 그런 분이 생전 화도 내지 않고, 강요하는 법도 없고, 본부에서 받는 스트레스도 혼자 삭이고 있어요. 이젠 우리가 보답할 차례가 아닐까요? 제발 소장님에게 여러분의 의지를 보여주세요."

큰누님은 자신의 목소리가 떨리고 있다는 사실을 알아차렸다. 어느새 굵은 눈물이 볼을 타고 흘러내렸다.

"그 일이 있고 나서 빅마마와 사무실 근처의 카페로 가서 작전 회의를 했어요."

"으음, 그랬었군."

가즈토는 자신의 눈에서 흐르는 눈물을 더 이상 감추려고 하지 않았다.

"빅마마가 그랬어요. 당분간 개인 영업은 그만두고 각자 회사를 찾아다니자고. 그렇지 않으면 목표를 채우기 힘들다고요."

"아, 빅마마가 그런 아이디어를……?"

"전 무서우니까 같이 다니자고 했죠. 그랬더니 무서운 건 자기도 마찬가지이지만, 각자 다녀야 확률이 높다면서……."

"그랬군."

"정말 무서웠어요. 처음엔 회사 입구에서 들어가지도 못하고 망설였죠. 무릎이 후들후들 떨릴 정도였어요. 다리에 힘을 주고 어떻게든 들어갔죠. 일본어까지 더듬거리니까 수위 아저씨들이 이상한 사람 취급을 하기도 했어요. 문전박대? 그런 것도 당해봤어요."

가즈토는 혼혈공주가 두려움을 무릅쓰고 혼자 돌아다니며 겪었을 일들을 상상하자 가슴이 뭉클했다. '얼마나 두려웠겠어요. 미안해요'라고 말하고 싶었지만, 목이 메어 말이 밖으로 나오지 않았다.

"하지만 괜찮아요. 스무 개 회사에서 거절당하긴 했지만 그래도 결국 해냈잖아요. 츠바키모리하고 계약만 되면 다음 달에도 우리 모두 함께 일할 수 있는 거죠?"

"물론이죠, 혼혈공주! 츠바키모리 전기회사의 100회선 계약으로 이번 달 목표를 채울 수 있게 됐어요. 이제 우리 영업소는 해체되지 않아요. 당신이 우리 영업소를 살린 겁니다!"

팽팽히 당겨졌던 긴장의 끈이 한순간에 풀린 탓일까. 혼혈공주는 와락 울음을 터뜨렸다.

제8장

진정한 출발

다음 날은 5월 중 최고로 맑은 날이었다. 하늘은 구름 한 점 없이 개였고, 푸르른 신록은 눈이 부실 정도였다. 며칠 동안 가즈토는 너무 괴로운 나머지 출근길의 풍경을 살펴볼 여유조차 없었다.

언제 계절이 이토록 아름다운 색으로 물들고 있었을까. 가즈토는 영업소에 도착하자마자 타지마에게 전화를 걸었다. C시의 영업소가 해체되지 않는다는 사실을 본부장에게 직접 확인하기 위해서였다.

"아, 요시다 소장. C시는 꼭 요시다 소장에게 맡겨야겠다고 생각하고 있었어요."

타지마의 날카롭고 높은 목소리도 오늘 아침만큼은 별로 귀에 거슬리지 않았다. '꼭'이라는 부분이 걸리기는 했지만, 어차피 영업은 결과가 말해주는 것이다. 가즈토는 솔직하게 고맙다고 인사하고 전화를 끊었다.

영업소에서 회의가 있는 날이었다. 가즈토는 영업소가 해체될 뻔했던 사건의 경위에 대해 설명한 뒤, 모두 열심히 해준 덕분에 위기를 극복할 수 있었다며 사원들을 치하했다. 그러자 다카시가 소리쳤다.

"모두가 아니지요. 혼혈공주 덕분입니다!"

쇼지가 그렇다며 맞장구를 쳤다. 모두들 일제히 박수를 치며 혼혈공주! 혼혈공주! 하고 외치기 시작했다. 혼혈공주는 어쩔 줄을 몰라 하며 그렁그렁 눈물을 매단 채 자리에서 고개를 숙이고 있었다. 옆자리의 빅마마도 눈시울이 붉어져서는 혼혈공주의 등을 쓰다듬었다.

가즈토가 손짓으로 박수를 누그러뜨린 뒤 말했다.

"맞아요. 마지막에 혼혈공주가 100회선짜리 계약을 성사시키지 않았다면 우리는 위기를 이겨내지 못했을 겁니다. 뿐만 아니라 여러분 모두가 열심히 해주었기 때문에 목표량을 채울 수 있었다고 생각합니다. 이 일은 여러분이 함께 해낸 거니까 모두 다 자랑스럽게 생각해도 됩니다."

"그래도 어쨌든 히어로의 인터뷰 좀 들어봅시다."

쇼지가 장난스럽게 입을 삐죽거리며 말했다.

"잠깐! 히어로가 아니라 히로인이겠죠."

큰누님이 끼어들었다.

"하하! 그럼 우리 혼혈공주에게서 한 말씀 들어볼까요."

가즈토가 손짓으로 혼혈공주를 불러냈다. 앞으로 나와서 이야기를 해달라는 뜻이었다.

"일본어로 부탁해요."

혼혈공주는 거의 성인이 될 때까지 외국에서 살았기 때문에 영어로 말하는 게 훨씬 자연스러웠다. 더듬거리는 일본어로 말하려니 더더욱 얼굴이 빨개지는 것 같았다.

다시 박수 소리가 요란하게 울렸다. 혼혈공주는 주춤거리며 걸어 나가더니 가즈토 옆에 섰다.

"에, 으음, 이렇게 좋은 날……."

혼혈공주의 잠긴 목소리가 가느다랗게 떨렸다.

"결혼식 피로연도 아니고, 그런 인사말은 안 해도 돼요."

꽃미남이 불쑥 던진 말에 한바탕 웃음이 터졌다. 웃음소리에 혼혈공주도 조금 긴장이 풀리는 모양이었다.

"전 뭐든지 제멋대로였습니다. 일본어가 서툴러서 일본어를 배우려고 영업직에 도전했습니다. 그런데 일본어가 서툴다는 이유로 회사를 상대로 하는 영업은 하지 않겠다고 했습니다. 그런데도 소장님은 제 의견을 그대로 받아주었습니다. 빅마마와 저에게 개인을 상대로 하는 영업을 하라고 해주신 겁니다."

가즈토는 혼혈공주, 빅마마와 함께 가방을 사러 돌아다니던 날을 떠올렸다.

"한 달에 영업소 전체에서 350회선을 팔아야 하는 것도 알고 있었습니다. 하지만 빅마마와 저는 설렁설렁 개인 고객만 만나러 다녔습니다. 하루에 다섯 회선만 계약하고 들어와도 소장님은 잘했다고 칭찬을 해주셨습니다. 그러자 일이 점점 재미있어졌습니다. 하지만 그 걸로는 모두에게 컨트리뷰트, 그러니까……. 죄송합니다. 컨트리뷰트를 일본어로 뭐라고 하죠?"

"공헌하는 거 말이지?"

큰누님이 얼른 도와주었다.

"맞아요. 공헌, 공헌하지 못한다는 걸 알고 있었어요."

모두 조용히 듣고만 있었다. 밖에서 들리는 자동차 소리가 시끄러울 정도였다.

"그래서 늘 미안한 기분이었습니다. 하지만 두려웠어요. 회사에 가서 내 일본어 실력으로 어떻게 설닝할지를 생각하면, 도진해보기도 전에 손에 땀이 나고 다리가 후들거렸어요. 너무 두려워서 도전하기도 전에 절대로 못할 거 같았거든요."

혼혈공주의 눈이 또다시 촉촉하게 젖었다.

"모두에게 공헌하고 싶다는 마음은 있었습니다. 그래서 늘 마음이 괴로웠어요. 하지만 용기는 나지 않고, 차라리 누군가 회사를 상대로 영업을 하러 가라고 떠밀어줬으면 싶더군요. 물론 그랬더라도 무섭다면서 가지 않았을지 모르지만요."

서툰 일본어로 또박또박 말하려 애쓰는 혼혈공주의 목소리가 다시 떨렸다.

"사실 이번 달까지만 일하고 그만두려고 했습니다. 그런데 그 말을 꺼내는 것조차도 쉽지 않고, 마침 그때 큰누님이 같이 점심을 먹자고 했습니다."

회사를 그만두고 싶을 만큼 그렇게 힘들었단 말인가. 가즈토는 소장으로서 그런 혼혈공주의 마음을 조금도 알아차리지 못한 자신이 부끄럽기만 했다.

"그날 다 같이 점심을 먹고 난 뒤로 그만두려던 마음이 사라졌습니다. 이런 일자리는 어디에도 없다고 생각했거든요. 그래서 어떻게 하면 여러분에게 공헌할 수 있을까, 그것만 생각했습니다. 그런데 마침 빅마마가 회사로 영업을 하러 가자고 했습니다. 저도 같은 생각이었습니다. 따로따로 떨어져 다니는 건 정말 싫었지만, 그렇게 하는 게 효율적이라는 생각이 들었고, 나도 열심히 해야지 하고 생각했습니다."

더듬거리는 말투로 또박또박 말을 하니 오히려 더 깊은 진심이 느껴졌다. 빅마마는 이제 소리까지 내며 훌쩍이고 있었다. 평소에 기계 같다는 말을 듣던 또순이의 눈에서도 또르르, 눈물이 흘러내렸.

"정말 두려웠어요. 내 일본어 실력으로 회사를 찾아가면 실례가 아닐까 하는 생각도 들었습니다. 회사 입구에서 쫓겨날 때는 정말 비참했지만, 그래도 열심히 했습니다. 그랬더니 스무 번째 회사에서 내 얘기를 들어주더군요. 열심히 하면 신이 도와주신다더니, 정말정말 맞는 말이라고 생각합니다."

있는 힘을 다해 얘기하던 혼혈공주는 여기까지 말하고는 결국 울음을 터뜨렸다. 모두가 뜨거운 박수를 보냈다. 눈이 빨갛게 충혈되지 않은 사람은 아무도 없었다. 대박형제는 둘 다 주먹을 불끈 쥐어 보였다. 앞으로 더 잘해보겠다는 투지가 샘솟는 모양이었다.

누구보다 기쁜 사람은 큰누님일지도 모른다. 혼혈공주는 모두에게 도움이 되어보겠다는 생각으로 용기 있는 행동을 보여주었다. 모두를 위해 정말 열심히 일했고, 그런 혼혈공주를 모두가 아낌없이 칭찬했다. 가즈토의 말처럼 영업소 전체가 하나가 되어 이뤄낸 것이다. 큰누님은 자신도 일부가 되어 한몫을 했다는 생각이 들었다. 늘 외롭게 혼자 돌아다녔기 때문에 다른 사람들과 하나가 되어 일하는 것을 동경했던 그녀였다. 그래서 이 날의 기쁨을 깊이깊이 음미했다.

큰누님 못지않게 기쁜 사람은 가즈토였다. 하지만 기쁨만큼 반성도 컸다.

"여러분! 모두에게 사과할 일이 있습니다."

모든 시선이 가즈토에게 집중되었다.

"혼혈공주를 비롯해서 여러분 모두가 포기하지 않고 열심히 일할 때, 사실 저는 포기하고 있었습니다. 모자란 100회선을 도저히 채울 수 없을 것 같았기 때문입니다. 그래서 영업본부에 어떻게 이야기해야 해체되지 않을까만 생각하고 있었지요. 영업은 모든 것을 결과가 말해줍니다. 그런데도 나는 변명거리만 찾고 있었던 겁니다. 그게 통할 리 없는데도 그 방법밖에 없다고 생각했습니다."

시계바늘 소리가 시끄럽게 느껴질 정도로 사무실 안은 고요하기만 했다.

"난 처음 이 영업소에 왔을 때 속았다는 생각을 했습니다. 이번 영업은 전화회사들끼리 서로 고객을 빼앗아야 살아남는 영업이었습니다. 영업을 잘 아는 전문가라고 해도 어려운 일이죠. 그런데 여러분은 모두 영업이 처음인 초보자들뿐이라는 사실을 알게 되었습니다. 무리라는 생각이 들었죠. 하지만 모두 열심히 해주었습니다. 그래서 한 달이 지나갈 무렵엔 보람을 느꼈습니다. 시간만 있다면 목표 달성이 불가능하지는 않겠구나 생각했습니다. 그런데 그때 영업본부장이 호출을 하더니 이달 목표를 달성하지 못하면 영업소를 해체하겠다고 한 겁니다. 결국 그때 난 포기하고 말았습니다."

"아무도 소장님을 비난하지 않아요."

"소장님은 늘 저희를 감싸주고 두둔해주셨어요."

"소장님이 아니었다면, 전 지금 이 자리에 있을 수 없어요."

모두들 저마다 가즈토를 향해 격려의 말을 던졌다. 가즈토는 기쁘기도 하고, 스스로가 한심해서 비참하기도 했다. 극과 극의 감정들이 뒤섞인 눈물이 볼을 타고 흘러내렸다.

"이번에 혼혈공주가, 아니 혼혈공주만이 아니라 여러분 모두가 영업의 본질은 포기하지 않는 것이라는 진리를 가르쳐주었습니다. 정말 감사하고 그리고 정말 미안했습니다."

그치지 않고 박수가 이어지는 동안 가즈토는 계속해서 고개를 숙여 인사하는 자세로 서 있었다. 가즈토가 드디어 고개를 들자, 큰누님이 기다렸다는 듯이 말했다.

"드디어 우리 영업소가 하나로 뭉치게 되었어요. 정말 기쁘지 않아요? 이제 비로소 출발선에 선 거예요. 지금부터 전국 1위를 목표로 달리는 거예요!"

모두 일제히 고개를 끄덕였다. 가즈토도 이 사람들과 함께라면 전국 1위쯤 못할 것도 없다고 생각했다. 동시에 가슴이 뜨거워지는 것을 느꼈다.

그로부터 한 달 후, 또 하나의 기적이 일어났다.

:
:

대기업을 전문으로 영업을 하는

대박형제 팀이 연달아 계약을 성사시켜,

정말로 전국 1위의 영업소가 되었다.

그것도 3개월 연속 1위를 차지하는 쾌거를

거두었다.

처음엔 6개월만 맡기로 했었지만,

본부에서 간곡하게 사정을 하며 붙들자,

가즈토는 3개월 더 연장해서

소장을 맡기로 했다.

그리고 12월말.

가즈토가 소장 자리에서 물러남과 동시에

마이라인 홍보 캠페인도 끝이 났다.

그리고 전국에 임시로 설치되었던 영업소들도

정식으로 해산했다.

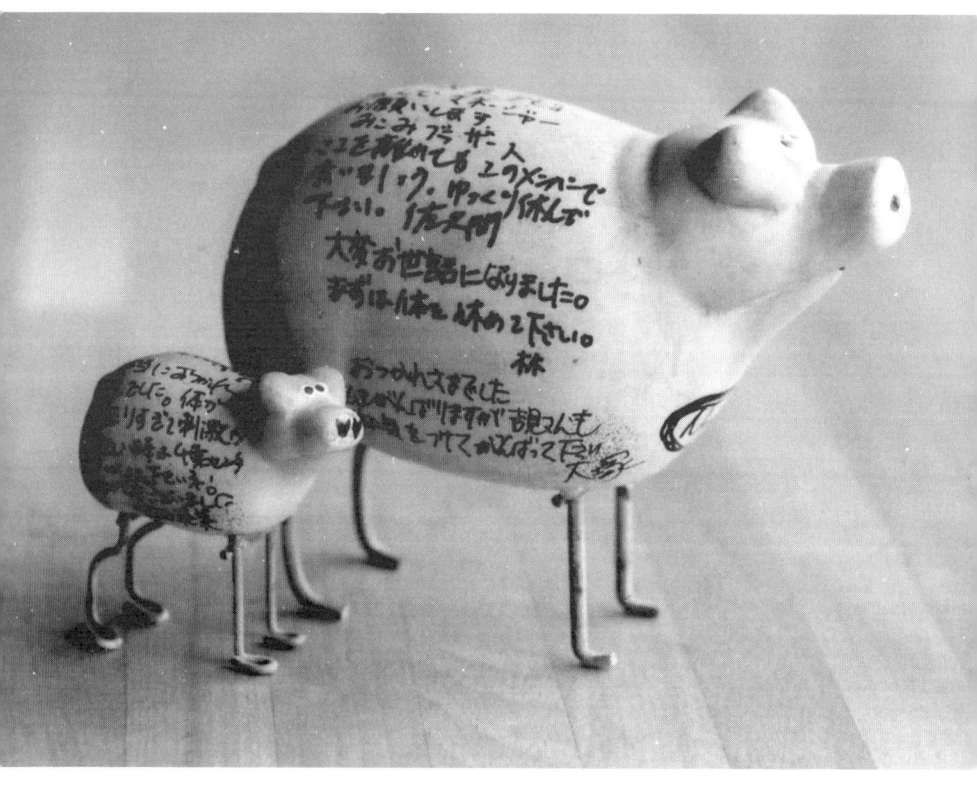

그때 영업소 사람들 모두가 마련한 것이라며

큰누님이 선물을 전달했다.

지금도 가즈토의 방 가장 좋은 위치에

자리하고 있는 돼지 두 마리.

가즈토는 비좁은 몸통에 글씨가 빼곡히 적힌

이 돼지 두 마리를

기운이 없거나 흥이 나지 않을 때마다

들여다보곤 한다.

지금도 모두에게서 가끔씩 연락이 온다.

큰누님은 근무지가 바뀔 때마다 엽서를 보낸다.

지금도 파견사원으로 일하고 있다.

하지만 그렇게 일하는 게

진정으로 마음에 드는 것 같다.

컴박사와 또순이가 결혼을 했다는

소식이 왔다.

언제 그렇게 둘이서 사귀게 되었는지.

분명히 컴박사의 입원이 계기가 되었을 것이다.

빅마마의 아들은 J리그에 들어가는 게 힘들었는지

축구로 유명한 대학에 추천으로 입학했다.

빅마마는 그때부터 지금까지 보험 외판을 해서

좋은 실적을 올리고 있다고 한다.

혼혈공주는 통역 일을 하고 있다.

대기업에서 의뢰가 들어와도 이제 무릎이 후들거리는 일은

없다고 한다.

꽃미남은 본부의 콜센터에 일자리를 잡았다.

사람들 앞에 나서는 일을 해야 성공한다고 생각하지만,

그게 싫은 사람도 있는 법이다.

마당발은 인사부로 발령이 났다.

가즈토는 적재적소에 배치되었다는 생각에 무척이나 기뻤다.

C시 영업소와 같은 직장 분위기를 만들고 싶다며 그가 편지를 보내왔다.

대박형제 중 한 명인

다카시는 전국에서 영업 수당을 가장 많이 받고

그 돈을 자본으로 회사를 세웠다.

직원들의 존경을 받는 듯했다.

재기에 성공한 것이다.

쇼지는

중견 상사에 취직했다.

머리에 단정하게 가르마를 타고

양복을 입고 찍은 사진을 보내와서

처음엔 누군가 하고 깜짝 놀랐다.

동키만 소식이 없다.

하지만 분명히 티베트에 있을 것이다.

한 번 가볼까, 동키를 만나러.

멀리 티베트의 길모퉁이에서 가즈토를 보고 깜짝 놀랄

동키의 표정을 떠올리면 내 입가엔 절로 미소가 번진다.

해설편

현대 사회에서 영업과 무관한 사람은 없다고 생각한다. 예를 들어 세계 제1의 컴퓨터 제조업체인 IBM의 연구원들은 고객이라고 할 수 있는 회사에 의견을 들으러간다. 고객을 위한 것이라고 확신이 드는 연구에 인력과 자본을 집중하기 위해서다. 고객을 '대면' 한 뒤에 연구 예산을 정하는 이런 행동이야말로 아주 훌륭한 영업 방식이다.

개인 사업이든 회사 경영이든, 경영자라 불리는 사람들은 특히 영업과 무관할 수 없다. 또 경영자가 아닌 일반 사원이라 해도 회사에서 자신의 기획안이 채택되도록 하려면 영업과 관련한 사고방식에 익숙해야 한다.

이런 상황임에도 불구하고 "영업이 좋으십니까?" 하고 물어보면, 흔쾌히 "예!"라고 대답하는 사람은 거의 없다. 많은 사람들이 영업을 단지 고객에게 아첨하는 행동이라고 여기기 때문이다.

나 자신도 그랬다. 17년이 넘게 근무했던 시스템 인테그레이터라는 기업지원 통합프로그램 제작회사를 그만두고, 1년 동안 영업을 한 적이 있다. 막상 고객들에게 전화를 하려고 해도 보유하고 있는 명함이라고는 4년 전 회사에서 개최한 무료 세미나에 와주었던 사람들의 것이 대부분이었다. 홈페이지에 올라온 질문을 보고 전화를 걸어 찾아뵙고 설명을 드리겠다고 하면, 그럴 거 없이 자료만 보내달라는 경우가 태반이었다. 그래도 열심히 전화를 걸었더니 마지못해 방문을 허락한 사람들도 있었다. 그렇더라도 정보만 원할 뿐, 제품 구입은 "생각해 보겠다"고 했다.

대놓고 말하지는 않지만, 사내 영업회의에 들어가면 나를 보는 모두의 얼굴에 '월급 도둑'이라고 쓰여 있는 것만 같았다. 몇 달도 지나지 않아 영업이 너무너무 싫어졌다.

현재 내 주변에는 이 책의 모델이 된 요시미를 비롯해서, 영업의 달인인 컨설턴트들이 무척 많다. 이 사람들은 영업을 아주 좋아한다.

실적이 쑥쑥 쌓이기 때문에 그런 것일까? 물론 그런 면도 없지는 않을 것이다. 하지만 이들은 진심으로 고객의 입장을 생각하고, 고객에게 필요한 게 무엇인지 깨닫게 해주고, 그에 알맞은 제안을 함으로써 고객을 크게 만족시키는 공통적인 재미에 빠져 있다. 한 마디로 말하면 고객으로부터 진심으로 '감사하다'는 말을 듣는 것에서 보람을 느끼는 사람들이다.

이 사람들이 영업을 좋아하는 이유가 또 하나 있기는 하다. 그것은 참된 노력을 포기하지 않고 계속해서 기울이다 보면, 언젠가는 반드시 결과가 나오기 때문이다. 물론 이때의 노력은 근성으로 밀어붙이는 막무가내의 노력이 아니라, 경험에서 우러난 이론을 바탕으로 한 노력이다.

내가 영업이 싫어서 괴로워하고 있을 때 이 사람들을 만났더라면, 지금쯤 다른 인생을 살고 있을지도 모른다. 모두 당시 내가 행동하는 방식과 다른 가르침을 전하고 있기 때문이다.

요시미는 구두가 닳도록 돌아다니면 반드시 물건을 팔 수 있었던 고도 성장기에 영업 현장에서 일했던 상사들에게도 문제가 있다고 본다. 그들은 요즘 영업 현장의 흐름을 읽지 못한 채 젊은 영업사원들에게 자신만의 방식을 강요하면 고통을 주고 있다. 그래서 이런 사람들에게 영업의 바른 길을 가르쳐서 한 사람의 세일즈맨이라도 구하겠다는 꿈을 가지고 있다. 이 책도 그의 꿈을 이룰 수 있는 하나의 수단이 되길 바란다.

지금부터는 앞의 소설에 대한 해설로서, 중요한 점들을 다시 한 번 짚고 넘어가고자 한다. 자잘한 영업 기술에서 부족한 개개인이 모여 막강한 힘을 발휘하게 만드는 팀워크의 정신, 그리고 영업의 본질과 관련된 사고방식에 이르기까지, 모든 게 망라된 해설이 될 것이다. 모두 요시미가 일일이 검토한 내용이므로 안심하고 믿어도 좋다.

제1장

〈불안한, 너무나 불안한 시작〉의 해설

그림과 그래프로 고객의 흥미를 유도한다

누구든지 가즈토가 영업의 천재가 아닐까 하고 생각할 것이다. 하지만 좀더 확실히 말하자면 그는 영업 방법론을 만드는 천재였다. "영업은 근성과 경험으로 되는 게 아니다"라는 게 평소 가즈토의 지론이었다. _38페이지

제1장에는 요시다 가즈토의 영업에 대한 근본적인 사고방식이 담겨 있다. 가즈토의 모델이 된 요시미 노리카즈는 스스로를 '그림자 연극 컨설턴트'라고 부른다. 이는 자신이 개발한 영업 기술 체계를 가리켜 '그림자 연극'이라 부른 데서 연유한 것이다.

'그림자 연극'의 실례는 본문에 잘 드러나 있다. 제2장 〈최초의 결단〉에서는 준비 과정이, 제3장 〈마술 같은 동행〉에서는 실제로 '그

림자 연극'의 영업 기술을 사용하는 과정이 나와 있다.

요시미의 영업 기술 중 하나로 소개 된 '지도 접근법'과 같은 도구는 첫 방문에서 고객에게 문전박대를 당하지 않기 위한 방법 중의 하나다. 하지만 이는 요시미가 사용하는 '그림자 연극' 중 극히 일부에 지나지 않는다.

요시미는 자신의 영업 방식을 왜 '그림자 연극'이라고 했을까? 그것은 그가 가지고 다니는 자료가 거의 그림과 그래프로 되어 있기 때문이다. 모든 설명을 자료에 다 적어놓으면, 고객은 설명을 읽어버린 뒤 영업사원의 말은 필요 없다고 판단해버리는 경우가 대부분이다. 그렇다고 해서 자료를 주지 않거나 또는 자료를 읽고 있는 동안 모든 것을 말로 설명하면, 그때부터는 장황하게 설명하는 영업사원의 말은 시끄러운 소음으로 들리고 고객의 마음은 멀어진다. 이때 중요한 것은 고객이 스스로 흥미를 느끼고 질문하도록 분위기를 조성하는 것이다. 이를 위해서는 그림과 그래프로 만든 자료가 적격이다.

근성과 경험이 필수 조건은 아니다

홍보전에서 미인계라도 펼치려고 고용했나 싶을 정도로 얼굴만 예쁘고 영업 실적은 형편없던 젊은 여성이 있었다. 가즈토식 영업 기술을 익힌 뒤에 영업소에서 판매 실적 2위라는 기록을 세웠다. __39페이지

실제로 파견회사가 모집해서 보내는 여성 영업사원들은 대부분 영업 경험도 없는 데다 그렇다고 교육을 받은 것도 아니라서 물건은

거의 팔아보지도 못하고 해고되는 사례가 많다.

하지만 이 책의 실제 주인공인 요시미는 그런 사람들에게 영업기술을 가르쳐주고 동행까지 해서 시범을 보여줌으로써 모두가 뛰어난 영업사원이 되도록 만들었다. 그 과정은 제5장 〈누가 패배자인가〉에 잘 묘사되어 있다.

'영업은 근성과 경험이 있으면 된다'는 것은 고도 성장기의 이야기다. 만들기만 하면 팔 수 있었던 시대의 이야기인 것이다. 요시미 노리카즈는, 그 시절의 성공을 기억하는 사람들이 간부로 있기 때문에 그 밑에서 일하는 2, 30대의 사원들이 "근성이 부족해!"라거나 "좀더 발로 뛰어!"라는 말을 들으며 괴로워하고 있다고 말한다.

이런 젊은 세대를 구해야 나라가 살 수 있고, 또 그런 일에 보탬이 되고 싶다는 게 세미나 후 간담회에서 요시미가 늘 하는 말이다.

다름을 인정하는 따뜻한 리더십이 필요하다

가즈토가 불평을 하는 것도 무리는 아니었다. 부임 첫날, 하루 종일 영업사원들과 면담을 한 뒤에 알아낸 사실은 모두 영업이 처음인 초보자들이라는 충격적인 사실이었다. __41페이지

제2장부터는 영업이 처음인 초보자들이 가즈토의 영업 기술을 배우면서 성공을 만들어가는 한편의 감동적인 드라마가 그려진다. 사실 이들은 어찌보면 행운아라고 할 수 있다. 가즈토와 같은 특별한 리더를 만났기 때문이다. 가즈토는 그들이 남들과 다르다는 사실을 인정하고 그들의 특성을 살릴 수 있는 영업기술을 전수함으로써 자신의 역량을 마음껏 펼칠 수 있게 도와준다. 이것이 진정한 리더십이라는 걸 결국 실적으로도 증명하게 된다.

제2장

〈최초의 결단〉의 해설

백오피스의 역할을 잊지 말자

말이 영업소장이지 임시로 고용된 자리인 만큼 체제와 영업 방식을 마음대로 바꿀 수 있는 권한은 없었다. 사원들이 본부의 지시대로 잘하고 있는지를 감독하는 것이 영업소장이 맡은 역할의 전부라고도 할 수 있었다.
그렇다면 이 자리에 꼭 내가 있어야만 하는 것일까? _47페이지

가즈토는 임시로 고용된 소장에 불과했으며, 영업 체제나 목표는 모두 본사에서 정해놓은 터였다. 요시미 노리카즈도 같은 입장이었다고 한다. 실제로 영업 체제를 바꿀 수 있는 권한이 그에게는 없었다. 이것이야말로 고도 성장기의 잔재로서 "영업 기회만 있으면 팔 수 있으니까, 모두 밖으로 내보내"라고 말하는 사고방식과 다를

게 없다. 물론 가능성 있는 고객과 접촉할 기회가 늘어날수록 판매도 늘어나는 것은 사실이지만, 지금은 막무가내로 들이대는 영업이 아무 데서나 적용되는 그런 시대가 아니다.

요즘은 고객을 직접 상대하지 않는 '백오피스Back Office' 부분이 영업에서도 점점 중요해지고 있다. 이 책에서는 꽃미남과 마당발 그리고 제6장 〈눈물겨운 도전〉에서 처음 나오는 또순이가 백오피스로서의 중요한 역할을 해내고 있다.

꽃미남은 전화 예약을 성사시키는 데 천재, 마당발은 사내 관계 부서에서 사례와 기술 정보를 얻어내는 데 전문가, 또순이는 자료나 서류를 만드는 데 귀신이다. 사실 오늘날의 '영업'이라는 업무는 그 의미가 너무 넓어서 마케팅, 리서치, 프레젠테이션, 세일즈, 플로 등의 다섯 개 분야로 나뉘어진 일을 혼자 해내야 한다. 이제부터라도 사람마다 잘하는 분야가 있다는 특성을 적용시켜 시장 구조에 맞게 그 역할을 분담해 세분화할 필요가 있다.

또 하나, 가즈토가 영업사원들을 짝을 지어 내보내는 부분에도 주목해야 한다. 이렇게 하면 영업을 하러 나가는 사원들의 심리적인 부담도 덜어줄 수 있고, 혹시 한 사람이 아프더라도 나머지 한 사람이 지속적으로 고객과 접촉할 수 있다는 장점이 있다.

전화기 너머에 있는 고객에게 미소를 짓자

"옛날에 콜센터에서 일할 때였는데, 계속해서 불만을 퍼붓는 고객을 상대로 그만 울컥해서 전화로 싸운 적이 있어요. 당연히 상사에게 엄청나게 깨졌지요. 그리고 그때 책상 위에 거울을 두고 바라보면서 전화를 받으면 도움이 될 거라는 말을 들었습니다."

"왜냐하면 상대방도 전화기 너머의 목소리를 통해서 제 표정을 느끼고 있기 때문입니다. 그래서 거울에 비친 제 표정이 구겨져 있으면 일부러 웃는 표정을 짓는 겁니다. 감정을 조절할 수 있거든요. 그러면 갑자기 울컥해서 싸울 일도 없고, 고객의 불평에도 훨씬 부드럽게 대처할 수 있거든요."_51페이지

꽃미남이 웃는 얼굴로 전화를 하면 방문 예약이 성사된다는 내용은 이야기 전개상 꾸며낸 이야기다. 하지만 전혀 근거 없는 이야기는 아니다.

표정이나 목소리 등 밖으로 드러나는 부분에 주목하면, 어느 정도 감정을 조절할 수 있기 때문이다. 다시 말해서 감정 자체를 조절하기보다는, 감정의 결과로서 나타나는 것들을 조절하면 원래의 감정을 컨트롤할 수 있다.

꽃미남은 수시로 거울을 들여다보며 미소를 지음으로써 전화기 너머의 상대방에게 '호감을 가지고 있다'는 사실을 전달한다. 대부분 이쪽에서 먼저 호감을 보이면, 상대도 마음을 열기 마련이기 때문이다.

더욱 중요한 것은, 전화기 너머에 있는 고객에게 미소를 지음으로써 고객이 보이지 않는 곳에서도 웃음을 잃지 않으려고 애쓴다는 사실이다. 당신이라면 전화기 너머에서 목소리만 정중하고 태도는 오만방자하기 이를 데 없는 사람을 신뢰할 수 있겠는가?

거짓으로 꾸며낸 인격은 평소에 항상 마음을 쓰지 않으면, 생각지도 못한 순간에 들통이 나고 만다. 그래서 실적이 뛰어난 세일즈맨뿐만 아니라, 성공한 비즈니스맨들은 평소의 인격과 일할 때의 인격이 한결같도록 늘 노력한다. 요시미도 세미나를 할 때나 지인들과 사적인 이야기를 나눌 때의 태도와 말투가 변함이 없다. 그래서 처음

만난 사람이라도 금방 그를 신뢰하게 되는 게 아닐까 싶다.

뒤에서 남의 욕을 한다거나, 비밀이라면서 회사의 기밀을 누설하는 사람들이 가끔 있다. 이런 사람들은 설령 같이 다닌다 해도 결코 믿음이 가지 않는다. 다른 데 가서 내 욕을 하지는 않을까 하는 생각이 들기 때문이다. 일관성 있는 태도야말로 성공의 비결이다.

유능한 사원은 가방 속이 다르다

"가방을 고를 땐 두 가지만 살피면 돼요. 가방을 탁자에 올려놓았을 때 똑바로 서는지, 지퍼 달린 큰 주머니가 두 개 있는지."
_53페이지

영업사원의 가방이라고 하면 보통 서류 가방이나 가죽으로 된 고급 가방을 떠올리기 쉽다. 하지만 영업을 할 때는 오히려 고급 가방이 방해가 될 때가 있다. 꼭 비싼 것이 아니더라도, 위의 조건을 갖춘 것들이라면 영업을 하는데 문제가 없다. 이유는 본문 속에서 가즈토가 말한 그대로다.

제3장

〈마술 같은 동행〉의 해설

들이대는 영업은 구시대의 방법이다

이 책의 모델이 된 요시미는 정말 길을 잃고 헤매다가 상품을 판 적이 있다고 한다. 그 후 그것에 맛을 들여 몇 번이나 길을 잃은 척하면서 물건을 팔았지만, 연기가 너무 지나쳐서 들통이 난 뒤로는 그만두었다.

    거짓말은 반드시 들통이 나게 되어 있으므로 조심해야 한다.

    옛날에는 고객과 직접적으로 접촉할 수 있는 여러 가지 수단이 있었다. 개인을 상대로 할 때든 기업체를 상대로 할 때든, 특정한 고객의 이름을 대며 찾아가면 바로 쫓아내지는 못했다. 하지만 개인정보에 민감한 요즘은 이름을 알아냈다는 것만으로도 문제가 될 수 있다.

    그렇다고 해서 단순하게 대문의 초인종을 누르고 기다려봐야 아무도 나와 보지 않는다. 심한 경우에는 문전박대를 당할 수도 있다.

집집마다 방문하는 것보다는 회사 이름이 선명하게 들어가 있는 전단지에 영업사원의 신분이 확실히 드러나는 사진이 들어간 명함을 붙여 우편함에 넣는 게 가장 효과적인 것 같다. 전단지에 "○○에 대한 상담을 받습니다"라는 문구를 눈에 잘 띄는 위치에 적어두고, 구매를 강요하지 않는다는 것을 강조해야 한다.

또한 일부 상장기업이나 지역에서 유명한 기업이 아니면 방문영업을 하기가 쉽지 않다. 그러니 꼭 방문을 하지 않더라도 전단지를 통해 광고한 휴대전화의 번호를 통해 고객의 상담을 받는 것도 효율적인 방법이라고 할 수 있다.

간단한 도구를 사용하라

손에 들고 있던 클리어 파일을 펼치자 지도가 나왔다. 곳곳에 빨간색으로 표시가 되어 있는 지도였다. 그 옆 페이지에는 큰 글씨로 '마이라인은 ○○○○'라고 쓰인 광고 전단지가 보란 듯이 펼쳐져 있었다. 전단지에는 광고 모델인 미남 탤런트가 잘생긴 얼굴로 활짝 웃고 있었다. 그걸 본 주부가 관심을 보였다.
"이 빨간색 표시는 뭐죠?"_60페이지

처음엔 지도로 눈길을 끌었고, 그 다음엔 미남 탤런트의 미소가 고객의 시선을 더욱 확실하게 잡아두었다. 사소한 기술 같지만 아주 효과적이다. 무엇이든 고객과 이야기를 나눌 계기, 더 나아가서는 고객이 질문할 계기를 만들어주는 게 중요하다.

당장 팔려고 덤벼들지 않는다

"간단해요. 우선 바로 물건을 팔려고 덤벼들지 말 것! 무조건 물건을 팔 생각부터 하는 건 바로 영업을 망치는 지름길이거든요."
"아, 그렇군요."
"그리고 고객이 먼저 원할 때까지는 절대 상품 설명을 해서도 안 돼요. 이게 그 일을 위한 소도구지."__62페이지

개인을 상대로 하든 기업을 상대로 하든, 고객이 명함을 받자마자 상품 설명을 시작하는 사람이 있다. 특히 "좋은 상품 정보가 있습니다!" 하고 달려드는 것은 어리석기 그지없는 행동이다. 영업사원이 이런 식으로 서두르면 고객은 오히려 이상한 상품은 아닐까 하고

의심을 하게 된다. 그리고 한 번 의심하기 시작한 마음은 제자리로 돌아오기가 쉽지 않다.

아무튼 절대로 당장 팔아보겠다고 덤벼들어서는 안 된다.

특히 기업을 대상으로 한 영업인 경우에는 평소에 그 기업에 관심이 많았다는 것을 보여줄 필요가 있다. 그러면 대부분 상대방도 이쪽에 관심을 보이기 시작한다. 하지만 개인을 상대로 한 영업에서 그렇게 하면, 고객들은 오히려 불쾌하게 여긴다. 따라서 상대가 흥미를 가질 만한 주제가 무엇인지 고심한 후 이야기를 꺼내야 한다.

고객이 당신의 이야기에 흥미나 관심을 보이기 시작하면 기회를 잡은 것이다. 이때부터는 고객이 질문을 하도록 슬슬 분위기를 유도해야 한다.

대부분의 고객들은 영업사원에게 대화의 주도권을 빼앗기고 싶어 하지 않는다. 따라서 고객이 대화를 이끌어가도록 유도하는 기술을 익혀야 한다. 골치가 좀 아프기는 해도 이런 식으로 상담을 진행하면, 마지막 계약 체결 단계에서 옥신각신할 필요가 없다.

가능한 것은 무엇이든 사용한다

> "하하! 탐정까지는 아니더라도, 영업에서 제일 중요한 일이 사람을 관찰하는 일이긴 하죠." __67페이지

가즈토가 볼펜이라는 소도구를 사용해서 까다로운 고객의 마음을 얻는 장면이 나온다. 이처럼 고객과 사연스럽게 이야기를 나누기 위해 사용할 수 있는 것이라면 무엇이든 찾아내는 자세가 중요하다. 이를 위해서는 고객을 관찰하고 파악하는 여유가 우선되어야 실패

를 줄일 수 있다. 이것이 신중한 접근이 필요한 이유이기도 하다.

    요시미는 고객에게 흥미를 갖는 것이 영업의 기본이라고, 늘 입이 닳도록 이야기한다. 특히 고객으로부터 받은 명함은 고객에 대한 정보를 가득 담고 있는 보물창고다. 그 외에 고객을 파악할 수 있는 방법이 무엇이 있는지 항상 고민해야 한다.

작은 실적들을 쌓아 자신감을 얻는다

    사실 운 좋게 큰 계약을 성사시키는 것보다 작은 성과를 꾸준히 쌓아가는 것, 그것이 영업에서는 훨씬 더 중요한 부분이라고 가즈토는 생각했다. __67페이지

이는 영업뿐만 아니라 무슨 일에든 통하는 마음가짐이다. 주변에 큰 안건을 맡은 사람이 있거나 사업에서 크게 성공하는 친구를 보면 마음이 초조해지기 쉽다. 하지만 이 사람들도 대부분 처음에는 작은 실적들을 쌓으면서 자신감을 얻고 노하우를 터득한 사람들이다. 그러니 우선은 큰 성공보다는 작은 목표부터 세워보자.

내가 아는 사람들 중에는 한 번 세미나를 열면 100만 엔이 넘는 수입을 올리는 강사들이 있다. 이 사람들도 처음에는 수천 엔을 받거나, 몇몇 사람들을 대상으로 무료로 세미나를 열었다. 하지만 매번 참가자들로부터 피드백을 받고, 이를 바탕으로 강연을 조금씩 개선해나가면서 서서히 더 많은 사람들이 몰려들기 시작했다. 수입이 늘어날수록 매번 더욱 철저한 설문조사를 함으로써 참가자들의 의견을 다음 세미나에 반영했다. 이렇게 되자 처음에는 겨우 수만 엔에 불과했던 세미나 수입이 이제는 수백만 엔까지 늘어났다.

이런 사람들은 대부분 세미나를 열기까지의 과정을 하나의 공정으로 생각한다. 우선 하나의 세미나를 기획하면, 본 세미나를 열기 전에 실험용 예비 세미나를 연다. 이 세미나는 소수의 사람들을 대상으로 하고, 가격도 싸게 책정한다. 세미나가 끝나면 피드백을 받아서 그동안 쌓아온 노하우를 바탕으로 수정한 뒤에, 보다 많은 사람을 불러 모으는 고액의 세미나를 연다.

내가 아는 한 무슨 일을 하든지 처음부터 크게 성공하는 사람은 없다. 경험을 쌓으면서 자신만의 노하우를 터득하고, 그것을 하나의 공정으로 가다듬을 줄 아는 사람일수록 그 분야에서 오래오래 성공을 누릴 수 있다는 점을 명심하자.

제4장

〈위기의 그림자〉의 해설

법인 영업은 태도와 성의가 중요하다

드디어 동키 팀의 정중한 영업 방식이 열매를 맺고 있었다. 이들의 성실한 태도에 믿음을 갖게 된 몇몇 기업들이 흔쾌히 계약에 응해주었다. __73페이지

동키 팀은 방문처에서 받은 질문 하나하나를 받아 적은 뒤에 사무실로 돌아와, 본사 직원의 도움을 받아 완벽한 답변을 작성했다. 그리고 이를 다시 고객에게 가져다주는 과정을 몇 번이고 되풀이하면서 계약을 성사시켰다.

질문에 답하는 자료를 꼼꼼하게 준비해서 몇 번이고 다시 방문하면, 그것을 받아든 기업 고객들은 하나같이 놀라움을 감추지 못할 정도였다. 그리고 차츰차츰 쌓여가는 이런 자료들은 나중에 다른 기

업 고객들을 응대하는 데에도 도움이 되었다. 동키의 성실한 인격이 영업의 성공으로 연결된 경우였다.

대충해서는 아무것도 제대로 이루지 못한다. 우직스럽고 답답하기는 해도 꼼꼼하게 자료를 만들면서 건실하게 노력하는 동안 그것이 재산이 되고, 선순환을 낳는 출발점이 된다. 이렇게 되면 영업이 즐거워지고 다소 말재주가 없어도 얼마든지 상품을 팔 수 있다.

동키 팀의 '꼼꼼한 자료 만들기'에서 또 하나 중요한 점은, 다음에 방문할 구실을 만든다는 것이다. 계속 찾아가다보면, 상품에 흥미가 없던 회사도 언젠가는 계약을 하게 된다. 또 설령 계약을 하지 않는다 해도, 그동안 쌓은 신뢰로 인해 계약이 성사될 만한 다른 고객을 소개 시켜주기도 한다. 그래서 유능한 영업사원 중에는 그 자리에서 대답할 수 있는 것도 일부러 숙제로 남김으로써 다음에 다시 방문할 구실을 만들기도 한다.

문제는 상품에 흥미가 없는 상대를 계속 찾아가서 어떻게든 팔아보려는 것이다. 이 책에는 나와 있지 않지만, 요시미는 혹시 그런 경우는 없는지 살피면서 사원들에게 적절하게 지시를 내리고 있다고 한다.

강요는 역효과를 낳는다

대부분의 간부들은 실적을 내지 못하는 사원들에게 자신만의 방법을 강요한다. 하지만 그런 방법이 모두에게 효과적이라고 볼 수는 없다. 자기답지 못한 방법을 강요당하면 의욕이 떨어지는 것은 물론, 실적을 올리는 능률도 떨어지기 때문이다.

__74페이지

사원들에게 자신이 좋다고 생각하는 업무 처리 방식을 강요한다고 해도, 막상 그 사원이 의문을 품거나 납득하지 못한다면 절대로 효율이 오르지 않는다.

일을 하는 방식이 한 가지만 있는 것은 아니다. 우수한 팀장은 과거에 자신이 성공시켰던 한 가지 방식에 구애받지 않는다. 본질만 벗어나지 않는다면, 어떤 방식이든 용납할 수 있는 정도의 열린 마음을 가지고 있다.

유능한 영업사원들을 보면 여러 타입이 있다. 쾌활하고 사교적인 사람이 있는가 하면, 조용하고 말이 없는 사람도 있다. 당연히 이들은 각자 일하는 방식도 조금씩 다르다. 하지만 구매를 강요하지 않고 고객과 신뢰관계를 만든다는 점에서는 비슷하다고 할 수 있다. 이 사람들은 결국 물건이 아니라, 자신을 팔고 있는 것이다. 이것이 바로 영업의 본질이다.

사람마다 각자 잘하는 분야도 다르다. 프레젠테이션에 능숙한 사람, 자료 작성에 능숙한 사람, 면담에 능숙한 사람, 사내 기술자들의 도움을 얻는 데 능숙한 사람 등등 여러 타입이 있다. 특히 프레젠테이션을 잘하지 못해도 판매 실적을 쑥쑥 올리는 영업사원은 얼마든지 있다. 자신이 부족한 분야를 인정한 뒤에 잘하는 분야를 찾아 그것으로 승부를 걸어야 한다.

잘하지 못하는 분야를 극복해야 한다는 강박관념에 사로잡혀 있는 한 유능한 영업사원이 되기는 어렵다. 그럴 시간에 잘하는 분야를 개발해서 판매 실적을 올리면, 못하는 분야도 차츰차츰 극복할 수 있게 된다.

제5장

〈누가 패배자인가〉의 해설

사례가 중요하다

엄마들 사이에서 공부 잘하기로 소문난 이웃집의 누구누구가 보는 백과사전이라고 선전하기 시작했다. 그러자 대부분의 엄마들이 너나없이 백과사전을 사겠다고 했다. __85페이지

무엇보다 고객의 마음을 확실하게 사로잡을 수 있는 캐치프레이즈를 만드는 게 중요하다. 15초 정도로 상품이나 서비스의 장점을 설명할 수 있는 문구를 만들어두면, 영업을 할 때 훨씬 유리하다. 하지만 이런 문구를 갑자기 생각해내기란 쉽지 않다. 그래서 카피라이터란 직업은 아무나 하는 게 아닌 것이다. 아무튼 평소에 유능한 세일즈맨, 마음에 드는 광고, 인기 있는 인터넷 쇼핑몰 등을 체크하며 공부해두면 고객을 사로잡을 수 있는 문구를 떠올리는 데 도움이 된다.

또 하나 중요한 것은, 성으로 치자면 주성主城을 바로 공격하지 않는 것이다. 백과사전의 판매 목표는 당연히 백과사전을 갖추고 있지 않은 집이다. 그렇다고 아무런 사전 준비 없이 바로 목표를 향해 쳐들어갈 수는 없다. 우선 사례를 모아야 한다.

지인 중에 잘 팔리지 않는 소프트웨어를 팔아야 하는 세일즈맨이 있었다. 그 소프트웨어는 수십만 엔이나 하는 고가의 제품으로, 1년간의 판매실적은 겨우 세 개였다. 보통 사람이라면 진작 영업에 흥미를 잃고 나가떨어졌을 것이다. 물론 그도 처음에는 도무지 영업을 하러 나갈 기분이 나지 않았다고 한다. 하지만 바꿔서 생각해보니 그렇게 인기가 없는 제품을 산 회사가 이미 세 군데나 있는 것이었다.

그래서 이미 제품을 구입한 회사들을 다시 찾아가 왜 그 제품을 구입했고, 어떻게 쓰고 있는지를 철저히 인터뷰했다. 그리고는 그 인터뷰에서 얻은 좋은 사례들을 정리해서 캐치프레이즈로 만든 뒤 회사 홈페이지에 소개를 했다. 그랬더니 그 후 1년 매출이 100개를 넘어섰다.

캐치프레이즈와 사례만 있으면 영업은 훨씬 쉬워진다. 게다가 제품 사용 후기와 관련한 사진이나 동영상처럼, 비주얼에 호소하는 증거 자료들이 있으면 영업은 더더욱 쉬워진다.

변화를 프레젠테이션으로 보여준다

제5장에는 가즈토가 백과사전을 팔기 위해 아이와 한참 동안 이야기하는 장면이 나온다. 책에는 도통 흥미가 없던 아이가 가즈토의 유도로 백과사전에 흥미를 보이고, 아이는 점점 더 백과사전에 빠져든다. 아이의 흥미를 끌어내는 대화의 묘미가 느껴지는 부분이다. 가즈토

는 결코 아이에게 책을 읽어야 한다고 설교하지도 않았고, 아이의 의견이 틀렸다고 반박하지도 않았다.

사실 이 대화는 아이 엄마에겐 그 무엇보다 성공적인 프레젠테이션이었다. 백과사전을 사면 아이가 어떻게 변하는지를 눈앞에서 보여주었기 때문이다. 프레젠테이션에서는 상품이나 서비스에 대한 설명보다도, 그것을 사면 어떤 점이 좋은지를 구체적으로 묘사하는 게 중요하다. 또 결국 물건을 사는 사람은 엄마이기 때문에 엄마의 마음에 강력하게 호소해야 한다.

이렇게 써놓고 보니 지극히 당연한 이야기를 강조하는 것 같지만, 대기업에서도 이런 당연한 사실들을 간과한 채 프레젠테이션에 임하는 경우를 종종 본다. 그렇기 때문에 당연하다고 간과할 수 없는 부분이기도 하다.

예전에 시스템 개발 제안 프레젠테이션을 받았던 적이 있다. 이름만 대면 누구나 다 아는 대기업들만이 경쟁에 참여하고 있었다. 그런데 선택받은 회사와 탈락한 회사의 차이가 너무 확연했다. 어떤 회사는 그 회사에 시스템 개발을 의뢰할 경우 이용자가 얼마나 편해지고, 경영자는 얼마나 이득을 보는지 또 기회 손실이 얼마나 줄어드는지와 같은 'Before & After'를 분명하게 보여주었다. 그리고 이를 위해 견본품이나 동영상과 같은 다양한 자료를 준비했다. 이는 최종 결재권을 가진 경영자가 알고 싶어 하는 것에 초점을 맞춘 결정적인 자료였다.

하지만 대부분의 회사들은 자사의 패키지 소프트가 얼마나 고성능인지, 개발팀이 얼마나 우수한지와 같은 자료들만 설명하고 있었다. 시스템을 도입하려는 담당자들에는 어느 정도 호소력 있어 보이는 설명이기는 하지만, 결재권자인 경영자의 가장 중요한 관심사는 아니다. 과연 어느 쪽이 선택되었을지는 너무 뻔하지 않은가?

제6장

〈눈물겨운 도전〉의 해설

무작정 팔려고 들면 효율이 떨어진다

"잠깐 얘기만 들어달라고 해서 이 방으로 데리고 왔습니다. 그랬더니 울면서 벌써 스무 곳이나 되는 회사에서 거절을 당했다고 하더군요."__98페이지

무작정 고객에게 다가가 이야기를 들어달라고 하는 것은 아주 효율이 떨어지는 일이다. 이 책에서처럼 혼혈공주가 스무 번째 회사에서 상담에 성공한 것은 그래도 운이 좋은 경우다. 무작정 팔려고 들면 계속 거절당할 게 뻔하기 때문에 시간 낭비일 뿐이다. 그리고 요즘엔 미리 전화 예약을 해놓지 않으면 기업 담당자와는 아예 만날 수도 없다. 하지만 무슨 일이든 예외는 있는 법이다.

열정이 문을 여는 경우도 있다

무엇보다 '법인 영업은 무서워서 싫다'고 하던 혼혈공주가 무모하게 법인 영업에 뛰어들게 된 이유가 중요하다.

그것은 제7장 〈환상의 팀워크, 그 무한한 가능성〉과 8장 〈진정한 출발〉에도 분명히 나와 있다. 영업소장인 가즈토에 대한 전폭적인 신뢰와, 다음 달에도 계속해서 함께 일하고 싶다는 강한 소망이 혼혈공주를 움직인 동기였다.

또 하나, 영업소 전체에 공헌하고 싶다는 마음도 있었다. 이처럼 사람과 사람 사이의 신뢰관계나 열정은 때때로 혼혈공주의 경우처럼 기적을 일으키기도 한다. 이것이 바로 진정한 팀워크다.

설명 자료에 중요한 것은 적지 않는다

자료에 모든 내용이 담겨 있으면 고객들은 영업사원의 필요성을 느끼지 않는다. 자료만 읽어도 충분한데 굳이 영업사원의 이야기를 들을 이유가 없는 것이다. 그래서 사원들에게 중요한 건 반드시 말로 설명하라고 지시하면서 준 자료였다. _99페이지

고객에게 다가가기 위한 수단으로 사용할 자료에는 설명문을 거의 적지 말고, 그림과 그래프를 사용해야 한다고 이미 앞에서 밝힌 바 있다. 이는 프레젠테이션 자료를 만들 때도 응용할 수 있다. 세미나 참가자들에게 나눠주는 요약 설명서 등에도 답을 적을 수 있는 빈 칸을 두거나 여백을 두면, 세미나 내용을 더욱 깊이 이해하는 데 도움이 된다.

제7장

〈환상의 팀워크, 그 무한한 가능성〉의 해설

팀원들의 적극적인 자세가 필요하다

"하고 싶은 말은 해야 되는 게 내 성격이야. 기분이 상했다고 해도 할 수 없어."
큰누님은 이 위기를 극복하기 위해 자신이 할 수 있는 일이 무엇인지 생각하기 시작했다. _110페이지

'자신이 할 수 있는 일'은 언제 어디서나 있는 법이다. 만약에 당신이 리더로서 팀을 이끌어 뭔가를 해내야 하는 입장이라면, 우선 팀원들 각자가 팀 전체를 위해 무엇을 해야 할지를 고민하도록 만들어야 한다.

팀 내에는 역할 분담이라는 게 있다. 하지만 프로젝트를 시작하기 전부터 완벽하게 역할을 분담하기란 쉽지 않다. 프로젝트를 진행

하다보면, 역할 분담으로는 정의할 수 없는 일이 반드시 생기기 때문이다. 이때 누군가 해주겠지 하는 마음으로 모두 나 몰라라 한다면, 결국 프로젝트는 망하고 만다. 하지만 누구든 나서서 역할 분담의 틈을 메워주는 자율적인 팀은 결코 망하지 않는다. 최근에는 팀원들의 이런 적극적인 자세야말로 프로젝트를 성공시키는 가장 필수적인 조건이라는 평가도 나오고 있다.

팀원들을 있는 그대로 받아들이자

"동키도, 컴박사도, 빅마마도, 혼혈공주도 그전엔 자신이 뭔가를 팔 수 있을 거라고는 상상도 못했던 사람들 아니에요? 하지만 소장님 조언대로 하니까 이젠 물건을 팔 수 있게 되었잖아요.

그것만으로도 정말 뛰어난 분이시죠. 그런 분이 생전 화도 내지 않고, 강요하는 법도 없고, 본부에서 받는 스트레스도 혼자 삭이고 있어요. 이젠 우리가 보답할 차례가 아닐까요? 제발 소장님에게 여러분의 의지를 보여주세요." _112페이지

사원들에게 협박에 가까운 압력을 가하는 게 소장인 가즈토의 역할이었다. 하지만 그는 사원들에게 스트레스를 주고 싶지 않아 그러질 못하고 있었다. 그런데 그 틈새를 큰누님이 재빨리 메워주었다. 팀원들에 대한 가즈토의 지속적인 신뢰 덕분에 영업소 전체가 하나의 자율적인 팀이 되었기 때문에 가능한 일이었다. 혼혈공주 역시 자율적인 팀의 멤버였기 때문에 무모하게 느껴지는 행동을 과감하게 저지를 수 있었던 것이다.

그렇다면 어떻게 해야 이런 팀을 만들 수 있는 것일까? 우선 리

더가 모범을 보여야 한다. 리더 스스로가 먼저 팀원들을 믿고 있다는 것을 보여주는 게 중요하다.

멤버 중에 좀 능력이 부족한 사람이 있다고 해도 그 사람에 대한 불평과 푸념을 입밖에 내지 말아야 한다. 모두가 보고 있든 그렇지 않든, 사원들의 욕은 결코 하지 않아야 할 일 중에 하나다. 그리고 스스로 어떻게 행동해야 할지 모범을 보여준다. 자신이 할 수 없는 일을 다른 사람에게 강요해서는 안 되기 때문이다. 가즈토는 빅마마와 혼혈공주, 이 두 사람과 동행해서 실제로 상품을 판매하는 현장에서의 모습을 직접 보여주었다.

다음으로 팀원들을 있는 그대로 받아들이고 인정해주도록 한다. 팀원들의 단점을 비난하지 말고, 장점을 살려줄 방법을 생각해보자. 가즈토가 느릿느릿 일하는 동키를 다그치지 않고 내버려두면서 지켜본 것은, 그를 받아들이고 인정해주려는 마음이 있었기 때문이다. 이렇게 사원들을 인정하고 무슨 일이 있으면 언제든 도와주겠다는 믿음을 심어주면, 팀원들은 기운이 나서 자발적으로 자신이 해야 할 일을 찾게 된다.

제8장

〈진정한 출발〉의 해설

영업은 결과가 전부다

타지마의 날카롭고 높은 목소리도 오늘 아침만큼은 별로 귀에 거슬리지 않았다.
'꼭'이라는 부분이 걸리기는 했지만, 어차피 영업은 결과가 말해주는 것이다. 가즈토는 솔직하게 고맙다고 인사하고 전화를 끊었다. __117페이지

영업은 심각할 정도로 결과만을 추구한다. 그 어떤 변명도 통하지 않는다. 실적을 올릴 수 없었던 이유를 상사에게 아무리 설명해도 변명에 불과할 뿐이고, 그로 인해 팀 분위기도 해치게 된다.
그런데 그 결과라는 게 그때그때 바로 드러나지 않는다는 점이 문제다. 몇 개나 되는 영업소에서 실적 1위를 기록한 요시미조차도

처음부터 그런 실적을 올리기란 쉽지 않았다고 한다. 능력 있는 영업사원도 3개월째부터 실적을 올리는 게 보통이다. 처음 두 달 동안은 정보를 수집하고 전략을 짜는 일에 주력한다. 그렇게 해놓으면 3개월째부터는 우연히 한두 개 팔고 마는 게 아니라, 지속적이고 꾸준한 판매가 이뤄진다. 확실한 결과를 내려면, 과학적인 계획이 필요하다. 그리고 결과가 나올 때까지는 무슨 말을 들어도 변명을 하지 않는 게 중요하다.

왜 변명을 하지 않아야 하는 것일까?

변명을 하는 것은 매우 쉬운 길을 선택하는 것이기 때문이다. 사람은 누구나 어려운 일이 닥치면 쉬운 길을 선택하려는 속성이 있다. 그래서 실수나 잘못을 하면 습관적으로 변명거리를 찾는다. 그렇다고 계속해서 변명만 하고 있으면 다른 일은 아무것도 할 수 없다. 변명을 하는 동안은 판매를 위한 행동은 아무것도 하지 못하기 때문에, 당연히 실적이 오르지 않는다. 따라서 변명이 습관화될수록 판매를 위해 나서는 시간은 점점 줄어든다.

변명은 계속해서 늘어나고 판매 실적은 계속해서 떨어지고……그러다 보면 어느새 자기 자신을 혐오하는 단계에 이른다. 이는 반드시 끊어야 하는 악순환의 고리다. 자기 자신이 싫어지면 그 어떤 일도 할 기분이 생기지 않는 법이다. 그렇게 울적해져서 아무것도 하지 못하고 있으면 더 깊은 자괴감에 빠지게 된다. 사람에 따라 심각한 우울증까지 걸리게 만들 수도 있는 이런 악순환은 모두 변명을 하는 것에서부터 시작한다.

변명을 하기에 앞서 먼저 행동을 해보자. 얼핏 너무 힘든 일로 보이지만 행동을 하면 반드시 그 결과가 따라온다. 그 결과가 나쁘다고 해도 그 경험치는 자신의 노하우로 남을 것이다. 그렇게 되면 앞에서 이야기한 악순환과는 완전히 다른 선순환이 시작될 것이다.

노력은 배반하지 않는다

"정말 두려웠어요. 내 일본어 실력으로 회사를 찾아가면 실례가 아닐까 하는 생각도 들었습니다. 회사 입구에서 쫓겨날 때는 정말 비참했지만, 그래도 열심히 했습니다. 그랬더니 스무 번째 회사에서 내 얘기를 들어주더군요. 열심히 하면 신이 도와주신다더니, 정말정말 맞는 말이라고 생각합니다." _122페이지

혼혈공주가 일하는 방식은 정말 우직했다. 독자 여러분이라면 좀더 과학적이고 이론적인 접근을 하리라 생각한다.

그런데 혼혈공주의 이야기는 실화를 기초로 한 것이다. 실제로 혼혈공주와 같은 여성이 있었는데, 이 책의 내용대로 우직하게 영업에 나선 결과 빠듯하게 목표를 달성했다고 한다. 아마 그 일은 그녀

가 그 후 인생을 사는 데 있어서 자신감의 원천이 되었을 것이다.

처음에는 우직한 방법도 나쁘지 않다고 생각한다. 그렇게 해서라도 작은 성공 체험을 쌓다보면, 어느새 자신감이 붙기 때문이다.

판매 실적을 제대로 올리지 못하면 상사는 자연스럽게 비판적인 눈으로 바라본다. 때로는 "자네처럼 해서는 안 돼"라고 말하기도 할 것이다. 하지만 막상 "그럼, 어떻게 해야 되는데요?" 하고 물으면 대부분 스스로 생각해보라고 할 것이다.

내 생각에는, 그 방법이 좋은지 어떤지 확신이 서지 않는다 해도 일단은 과감하게 자기 생각대로 해볼 필요가 있다.

내가 영업사원으로 근무했던 회사의 사장과 전화 통화를 한 적이 있었다. 당시 내가 모셨던 상사는 협력회사로 옮겼고, 지금은 A가 부장이 되어 있었다.

"A가 예전에 늘 자네를 지켜봤는데, 부장이 좀더 자유롭게 풀어주었더라면 훨씬 영업을 잘했을 거라고 유감스러워하더군."

사장의 이 한 마디가 나를 구해주었다. 당시 영업 실적을 제대로 올리지 못했던 게 늘 마음에 걸렸었기 때문이다.

신나게 적극적으로 영업에 나서지 않았던 것은 물론 전적으로 내 잘못이다. 하지만 팀장이 영업사원을 대하는 방식에 따라서도 그 사원의 실적은 크게 달라진다고 생각한다. 그렇기 때문에 하나의 팀을 관리하는 리더는 자신의 방식이 직원들의 직장생활에 큰 영향을 끼친다는 사실을 명심하고 좀더 책임감 있는 지시를 해야 한다.

포기하지 말아야 할 이유를 찾아라

"혼혈공주를 비롯해서 여러분 모두가 포기하지 않고 열심히 일할 때, 사실 저는 포기하고 있었습니다. 모자란 100회선을 도저히 채울 수 없을 것 같았기 때문입니다. 그래서 영업본부에 어떻게 이야기해야 해체되지 않을까, 생각하고 있었지요. 영업은 모든 것을 결과가 말해줍니다. 그런데도 나는 변명거리만 찾고 있었던 겁니다. 그게 통할 리 없는데도 그 방법밖에 없다고 생각했습니다."__123페이지

가즈토는 정말 행운아였다고 생각한다. 포기한 사람은 그뿐이었고, 영업소의 다른 사람들은 모두 포기하지 않았기 때문이다. 물론 이는 단순한 행운이 아니다. 평소에 가즈토가 알게 모르게 영업소를 포기하지 않는 집단으로 만들어놓았기 때문에 가능한 일이었다.

"어떤 방법으로도 안 될 때에는, 포기하지 않는다는 마지막 방법이 있다."

이는 경영 컨설턴트인 나의 스승 후쿠시마 선생이 늘 강조하는 말이다. 정말 맞는 말이다. 가즈토가 이 팀이라면 전국 1위를 할 거라고 예상한 이유도, 포기하지 않는 집단이기 때문에 그 가능성을 믿었던 것이다.

쉽게 포기하지 말아야 한다고 쓰기는 했지만, 사실 어떤 일을 끝까지 포기하지 않으려면 합당한 이유가 필요하다. 이 책에서 소개한 이야기에서는 '인정받지 못한 사람들'이 자신을 빛낼 자리를 발견하고, 그것을 지키고 싶어 하는 게 그 이유였다.

이처럼 뭔가 창업을 하거나 중요한 일을 시작할 때에는 우선 포기하지 말아야 할 이유를 찾는 게 중요하다.